한 권으로 끝내는
메타버스 노트

우리의 미래, **메타버스**로 이렇게 바뀐다

한 권으로 끝내는
메타버스 노트

오카지마 유시 감수 이해란 옮김

국일미디어

메타버스에
뛰어들며

'메타버스'는 많은 사람이 아는 유행어가 되었습니다. 단어의 인지도가 역치를 넘으면, '모르면 안 된다'라는 압력이 가해지기 시작합니다. 이 책을 집어 든 여러분 중에도 그런 압력에 등을 떠밀린 분이 있지는 않으신지요.

새로운 IT 용어는 크게 두 가지로 나눌 수 있습니다. 기술을 가리키는 말과 개념을 가리키는 말입니다. 전자를 설명하는 것은 그래도 비교적 단순합니다. 하지만 후자를 설명하기는 무척 어렵습니다. 그것이 개념이기에 여러 사람이 다양한 의견을 내기 쉽고, 때와 장소에 따라 말의 의미가 이리

저리 바뀌기 때문입니다.

메타버스는 정확하게 후자에 속하는 용어입니다. 이번에 감수 기회를 받아들이고서 꽤 어려운 작업이 되겠구나, 생각했지요.

결과적으로 이 책은 메타버스를 이해하는 계기로서 대단히 좋은 책으로 완성되었습니다. 책 마지막에 많은 참고문헌이 실려 있다시피 변동적인 메타버스의 해석을 고려한 균형 잡힌 해설이 담겼습니다.

따라서 제가 이전에 쓴 책과는 해석이 다른 부분도 있으나 메타버스 해설을 처음 접하는 분에게는 더 다각적인 관점을 제시하는 입문서로 제격입니다.

메타버스는 마냥 좋기만 한 서비스는 아닙니다. 꼭 직면해야 할 위험성도 많이 가지고 있으니까요. 그렇지만 경쾌하고 즐거운 문체로 쓰인 이 책을 보고 공부한 분이라면 희망차게 메타버스에 뛰어들 수 있지 않을까요? 이 책을 선택해 주셔서 감사합니다. 이 책이 여러분의 배움에 도움을 드릴 수 있다면 더없이 행복할 것입니다.

오카지마 유시

CHAPTER 1
메타버스란 무엇인가?

CHAPTER 2
메타버스는 차기 '킬러 서비스'

CHAPTER 3
가상 현실에서 살아가는 미래

CHAPTER 4
기업과 정부가 주목하는 메타버스

메타버스 세계는 이렇게 된다!

메타버스는 엔터테인먼트부터 비즈니스까지 온갖 활동을
현실 세계보다 쾌적하게 체험할 수 있는 장소가 될 것으로 기대하고 있습니다.

쇼핑

현실 세계보다 규모가 큰 연출과 대형 점포를 통해 오프라인 숍에도 온라인 숍에도 없던 새로운 구매 체험을 즐길 수 있다.

이벤트

현실 세계보다 가까운 거리에서 라이브 공연이나 스포츠 경기를 관람하는 등 이제껏 없던 연출과 현장감을 체험할 수 있다.

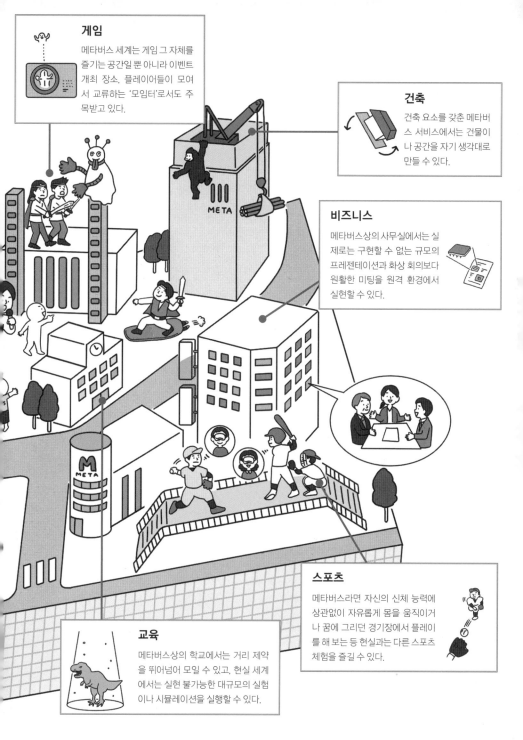

게임

메타버스 세계는 게임 그 자체를 즐기는 공간일 뿐 아니라 이벤트 개최 장소, 플레이어들이 모여서 교류하는 '모임터'로서도 주목받고 있다.

건축

건축 요소를 갖춘 메타버스 서비스에서는 건물이나 공간을 자기 생각대로 만들 수 있다.

비즈니스

메타버스상의 사무실에서는 실제로는 구현할 수 없는 규모의 프레젠테이션과 화상 회의보다 원활한 미팅을 원격 환경에서 실현할 수 있다.

스포츠

메타버스라면 자신의 신체 능력에 상관없이 자유롭게 몸을 움직이거나 꿈에 그리던 경기장에서 플레이를 해 보는 등 현실과는 다른 스포츠 체험을 즐길 수 있다.

교육

메타버스상의 학교에서는 거리 제약을 뛰어넘어 모일 수 있고, 현실 세계에서는 실현 불가능한 대규모의 실험이나 시뮬레이션을 실행할 수 있다.

11

근래 들어 갑자기

귀에 자주 들리는 '메타버스'

언뜻 게임 세계를 떠올리기 쉽지만

그것이 전부는 아닙니다.

메타버스는 무엇일까요?

그리고 우리에게 무엇을 가져다줄까요?

메타버스의 의미와 정의, 특징을 살펴봅시다.

메타버스란
무엇인가?

01

'메타버스'라는 용어의 의미는?

'메타버스'라는 말은 사실 30년보다 더 전에 탄생했습니다.
근래에 기술이 진보하면서 다시 각광받게 되었지요.

　　'메타버스'란 '초월한, 고차원의'를 뜻하는 Meta(메타)와 '세계, 우주'를 뜻하는 Universe(유니버스)를 합성한 용어입니다. 메타버스라는 말이 자주 들리게 된 것은 최근의 일이지만, 사실 이 용어는 SF 작가인 닐 스티븐슨(Neal Stephenson)이 1992년에 발표한 『스노우 크래시(Snow Crash)』라는 소설에 처음으로 등장했습니다. '메타버스'라는 용어와 개념 자체는 의외로 긴 역사를 가지고 있는 셈입니다. 용어의 어원을 추적하면 '메타버스=고차원 세계'라고 직역할 수 있으나 이러면 현실과 메타버스 사이에 상하 관계가 존재하는 듯한 인상을 주므로

첫 등장은 1992년에 발표된 SF 소설

『스노우 크래시』

1992년에 미국의 SF 작가 닐 스티븐슨이 발표한 소설로 '메타버스'라는 용어가 처음으로 사용되었다.

30년 전에 탄생한 말

옳다고 할 수는 없습니다. 현실과는 다른 '또 하나의 세계'라고 하는 것이 적절합니다. 메타버스라는 용어의 정의가 아직 확정되지 않은 이유는 그것이 주목을 받고 '버즈 워드(buzz word, 명확한 합의와 정의가 없어 말의 의미가 모호한 상태로 세간에 통용되는 용어)'가 된 것이 너무나 갑작스러웠기 때문입니다. 메타버스 붐이라는 큰 흐름에 편승하고자 몰려든 각종 기업이며 단체가 자사 상품과 서비스를 메타버스의 일종이라고 소개하는 통에 의미가 더욱 불투명해지기도 했고요. 메타버스가 세상에 침투할수록 용어의 의미와 정의는 확장되고 변화하겠지만, 현재로서는 '메타버스=또 하나의 세계'라는 해석으로 통일해 생각하는 편이 '메타버스란 어떤 세계인가'를 이해하는 데 적합하다고 할 수 있습니다.

02

현실 세계와 메타버스는 어떻게 다를까?

현실 세계를 모방하는 데 얽매이지 않고,
'편리한 세계'를 실현할 수 있습니다.

메타버스가 현실과 다른 '또 하나의 세계'라면 현실 세계와의 차이는 어디에 있을까요? 메타버스의 사례로 소개되는 서비스에는 현실 세계를 꼭 닮은 CG가 으레 따라붙습니다. 그렇다 보니 현실 세계를 사이버 공간에 모방하는 일이 중요하게 여겨지기 쉬운데, 메타버스의 주목적은 그것이 아닙니다. 메타버스는 현실 세계 속에서 자신에게 편리한 부분만을 추출한 '또 하나의 세계'이자 현실과는 다른 원리로 만들어진 공간입니다. 현실 세계의 원리인 중력을 무시한 세계를 구축한다든가 아바타를 설정해서 개인의 속성(성별, 나이 등)을 실제와

현실과는 다른 '편리한 세계'

다르게 바꿀 수도 있지요. 이처럼 현실과 분리된 '편리한 세계'를 만드는 것이야말로 메타버스의 본질입니다. 현실과 다른 원리로 세계를 즐기고 휴식하는 경험은 게임과 SNS에서는 예전부터 행해져 왔습니다. 이용자의 안락함에 무게를 둔 세계인지라 현재는 오락적 요소가 두드러져 보이지만 앞으로는 비즈니스와 교육을 비롯한 온갖 영역에서 활용될 것입니다. 현실 세계에서 이루어지는 많은 일이 메타버스에서 실현되는 날이 오면, 자신에게 편한 국가를 선택해 이주하듯이 자신의 생활 대부분을 메타버스로 옮기는 사람도 나오리라 예상됩니다.

03

VR, AR, MR의 차이를 이해한다

메타버스를 이해하려면 ○○현실의 차이를
알아 두어야 합니다.

VR(Virtual Reality, 가상 현실)은 '현실 세계와는 별도로 만들어진 공간'을 표현하여 다음의 3요소를 만족시키는 기술입니다. 3요소는 '삼차원의 공간성', '실시간 상호작용', '자기 투사성(自己投射性)'입니다. 예컨대 VR용 HMD(Head Mounted Display, 머리에 착용하는 형태의 영상 표시 장치)를 착용하고 체험한 세계가 '현실과 별도로 존재하는 삼차원 공간(VR 공간)'처럼 느껴지지만, 현실의 움직임이 VR 공간과 연동되어서 결과적으로 '이 세계에 스며든 느낌'을 받는다면 VR을 체험한 것입니다. 한편 AR(Augmented Reality)은 '증강 현실'이라고 번

각각 어떤 기술인가

박력 만점!

VR(가상 현실)에서는 현실 세계와는 별도로 만들어진 공간에 몰입할 수 있습니다.

VR(Virtual Reality)

역됩니다. 이것은 컴퓨터를 이용하여 현실 공간에 가상의 물체를 '덧입히는' 기술로 고성능 스마트폰이 보급되면서 널리 퍼졌습니다. 2016년에 발매된 〈포켓몬 고 (Pokemon GO)〉는 AR 게임의 전형적인 사례랍니다. 이 게임 속에서는 스마트폰 카메라로 인식한 실제 풍경에, 실제로는 그곳에 존재하지 않는 몬스터가 표시됩니다. 또한 AR은 셀프카메라 앱인 '스노우(SNOW)'라든가 '줌(Zoom)'의 가상 배경처럼 AR이라고 의식되지 않는 영역에서도 활용되고 있어요. MR(Mixed Reality, 혼합 현실)은 현실 공간의 위치 정보를 정밀하게 파악한 다음 그곳에 가상의 정보를 덧입히는 기술을 가리킵니다. 그래서 'VR과 AR의 중간' 혹은 'AR의 진화형'이라고 표현되지요.

04

'메타버스'와 '거울 세계'는 무엇이 다를까?

메타버스와 '거울 세계'는
현실의 모습을 변화시킨다는 차이가 있습니다.

'메타버스'와 비슷한 용어로 '거울 세계(Mirror World)'가 있습니다. 메타버스는 '현실과는 다른, 편리한 또 하나의 세계'입니다. 현실과 다른 세계를 만들고자 하기에 현실과 닮은 풍경을 만들더라도 그것은 어디까지나 연출의 일부입니다. 메타버스는 인간 사이의 관계성에 따라 세계를 구축하며, 이용자에게 편리한 현실과는 다른 장소라는 데 가장 큰 가치가 있습니다. 반면 거울 세계는 현실을 그대로 본뜬 '디지털 쌍둥이(Digital Twin)'를 만들어서 현실과 피드백을 주고받고자 합니다. 거울 세계는 현실 세계와 연동하여 항상 정보를 주고받으며

거울 세계는 현실의 재현

현실의 모습을 변화시킨다는 점에서 메타버스와 크게 다릅니다. 메타버스에서는 VR 기술을 이용하는 쪽이 발달했으나 거울 세계를 실현하는 작업에는 AR과 MR 기술이 알맞다는 점도 다르고요. 그렇지만 거울 세계가 메타버스의 범주에 포함된다고 보는 견해도 존재합니다. 메타버스와 거울 세계의 정의가 아직 불분명한 부분이 있어서 서비스 제공자가 독자적인 기준으로 호칭을 결정하기도 하고요. 그런 경우에는 메타버스나 거울 세계나 똑같은 '가상 세계'의 일부로 취급됩니다.

키워드	체험 소비	감각을 재현	불필요한 요소 배제

05

VR로 현실 세계의 체험을 복제하다

VR이 진보하면 실제로 현장에 가서 체험하는 것보다
만족스러운 체험을 할 수 있습니다.

시장의 관점에서 보면 소비자의 가치관은 '물건 소비→체험 소비'로 변화하였으며, 체험을 상품화하는 움직임이 갈수록 확대되었습니다. 음원 데이터 복제가 간단해지면서 CD의 가치가 희미해지자 'CD 발매→실제 체험(라이브 공연, 싸인회 등)'으로 중심점을 옮긴 음악 산업이 그 일례입니다. 그러나 VR이 진보하여 디지털로 다양한 감각을 재현하고, 체험을 복제할 수 있는 시대가 코앞에 다가왔습니다. 시각 정보가 대폭 진보했을 뿐 아니라 촉각, 후각, 미각을 재현하는 연구도 진행되고 있어요. 자동차 경주나 비행 시뮬레이터 같은 현장

VR이 '체험 소비'를 재현한다

감 넘치는 체험 장치는 예전에 나왔고, HMD를 머리에 쓴 상태로 번지 점프를 하는 오락용 장치도 이미 나왔습니다. 플레이하는 중에는 송풍기 바람이 획획 불어서 더 실감 나는 체험이 가능하지요. 악수, 키스, 실금(失禁)의 감각을 재현하는 장치도 실제로 개발되었으니 머지않은 미래에는 VR 체험의 가치가 실제 체험의 가치를 웃돌 가능성이 충분합니다. 게다가 현장까지 이동하는 시간, 기다리는 시간, 다른 사람과의 번거로운 교류며 인간관계 문제 등 체험에 따라붙기 마련인 부정적인 요소도 VR에서는 발생하지 않습니다. 체험을 복제하는 데 그치지 않고, 불필요한 요소까지 배제함으로써 더욱 매력적인 서비스를 만들어 낼 가능성이 있는 것입니다.

이렇게 가까이에서 관람할 수 있다니!

여행도 쉽게 떠날 수 있어!

체험을 복제할 뿐만 아니라 실제 체험에서 느끼는 불필요한 요소를 없앨 수도 있습니다.

체험 소비를 VR로 재현

06

현실 세계를 재현하는 VR에서 현실 세계와 연결하는 AR로

현실 세계를 토대로 하여 세계를 만들 때는
AR 기술이 알맞습니다.

디지털 공간에 현실 세계를 재현할 경우, 아예 처음부터 만들기보다는 이미 존재하는 현실 세계에 가상의 정보를 결합하는 편이 효율적입니다. 세계관이 현실 세계와 이어져 있으면 이용자도 큰 저항감 없이 AR에 참가할 수 있고요. 〈포켓몬 고〉와 〈드래곤 퀘스트(Dragon Quest)〉 같은 AR 게임에서는 일상의 풍경을 비춘 스마트폰 화면에 게임 캐릭터를 표시하여 현실과 가상 세계를 융합합니다. 이런 활용법은 엔터테인먼트와 궁합이 좋아서 게임이나 애니메이션에 많이 활용되는 추세입니다. 스마트폰 또는 스마트 글라스(안경 형태의 AR 기

현실에 다가가려면 AR

기)로 앱에 접속하여 '나에게만 보이는 반려동물'을 기르는 것도 가능하지요. 엔터테인먼트 업계 외에도 AR의 강점이 발휘되는 상황은 많습니다. 특히 작업 상황에서 손이 모자랄 때 AR로 설명서를 참조한다든가 접객 상황에서 시선을 돌리지 않고 고객의 정보를 확인한다든가 하는 업무적인 활용법이 검토되고 있어요. 나아가 의사의 외과 수술을 보조하는 기술로도 기대되고 있습니다. 향후 장시간 사용이 가능한 작고 가벼운 배터리가 나오면 업무용으로 활용되는 AR의 수요가 단숨에 증가할 것입니다. 그러면 스마트폰과 태블릿으로 보급한 디지털 정보의 활용이 한층 편리해집니다.

현실에 가상을 덧입히는 AR

07

현실감과 현실 세계를 융합한 〈포켓몬 고〉

AR을 이용해 애니메이션 주인공과 똑같은 체험을 할 수 있어서
폭발적으로 유행했습니다.

〈포켓몬 고〉는 위치 정보와 AR을 활용한 스마트폰 게임으로
현실 세계 자체를 게임의 무대로 삼습니다. 현실 세계와 연동된 게임 속 지도에 나
타나는 캐릭터들을 붙잡는데, 눈앞의 실제 풍경을 비춘 스마트폰 화면에 캐릭터
가 표시되어서 실제로 그 캐릭터를 붙잡은 듯한 감각을 즐길 수 있어요. 실시간으
로 직접 찍는 풍경에 캐릭터가 나타나는 만큼 '현실과 가상이 연결된 느낌'이 든다
는 점도 매력입니다. 플레이어가 특정한 장소까지 가야만 게임이 진행되기 때문
에 전성기 때는 어디를 가나 한 손에 스마트폰을 들고 〈포켓몬 고〉를 플레이하는

현실 세계에 캐릭터가 등장

포켓몬 고

2016년에 나이앤틱(Niantic)에서 발매한 스마트폰용 게임 앱
이다. 게임의 무대는 현실 세계이고, 스마트폰으로 실제 풍경을
비추면 화면상에 아이템과 캐릭터가 표시된다.

사람이 보였습니다. 플레이어의 연령층도 아동부터 성인, 고령자까지 그 범위가 넓고요. 희귀한 캐릭터나 아이템을 얻으려 한곳으로 몰려든 사람들이 뉴스에 나오기도 했습니다. 현재는 AR이 엔터테인먼트를 중심으로 이용되고 있으나 AR 기기가 진보한 미래에는 비즈니스적으로도 활용되리라 전망합니다. 스마트 글라스가 보급되면 자기에게만 보이는 세계 속에 많은 정보를 축적할 수도 있지요. 기계를 수리할 때 설계도며 매뉴얼을 시야에 표시한다면 양손을 자유롭게 사용할 수 있을뿐더러 시선의 움직임도 심플해집니다. 작은 개선이지만 이것이 생산성 향상으로 이어집니다. AR에는 '다음 한 수'가 될 기술의 개발과 비즈니스 아이디어를 실현할 다양한 가능성이 있습니다.

27

08

VR로 메타버스에
더 깊이 몰입한다

VR이 조성하는 '몰입감'은 메타버스 세계에
'자신이 확실히 존재'한다는 현실감을 느끼게 합니다.

사실 VR이 메타버스에 꼭 필요한 조건은 아닙니다. 하지만 메타버스와 VR을 합치면 메타버스 체험이 더욱 풍부해집니다. VR에는 '삼차원의 공간성', '실시간 상호작용' 그리고 '자기 투사성(자기 자신이 그곳에 존재한다는 실감)'의 3요소가 필수입니다. 여기에 '자신 이외의 다른 누군가가 존재한다는 느낌'을 주는 제4의 요소, 즉 '사회적 상호작용'이 더해져서 현실 세계와 짝을 이루는 '또 하나의 세계'가 되는 것이고요. 이것은 홈페이지 읽기만 가능했던 과거 인터넷에 실시간 교류가 가능한 SNS가 등장하여 생긴 변화만큼이나 큰 체험의 변화를 메

메타버스 × VR의 몰입감

타버스에 가져옵니다. VR 특유의 몰입감이 이용자에게 '이 (가상) 공간에 자기 자신이 확실히 존재'한다는 현실감을 주기 때문입니다. '편리하고 편안한 장소'로 설계된 메타버스에 현실감을 맛볼 수 있는 VR을 도입하면 이용자가 깊이 빠져들게 됩니다. '리얼(real)하다'라는 말은 해상도가 높고 화면이 정교하다는 의미가 아닙니다. 풍경이나 아바타가 삼각형과 직선으로만 표현되어도 문제없어요. 그보다는 다른 이용자와 자연스럽게 대화하거나 악수하는 감각, 포옹을 나누거나 나란히 걷는 감각이 이용자에게 '실감 나는' 체험을 선사합니다.

VR 있음

가상 공간에 더 깊이 몰입하게 됐어!

좋아! 와라!

간다!

누구랑 얘기하는 거지?

09

메타버스 체험에 깊이를 부여하는 '아바타'

아바타는 그 사람 본인으로 VR상
자신이 그곳에 존재한다고 느낍니다.

'아바타'란 이용자가 가상 공간 속에서 조작하는 캐릭터로 '아바타라(Avatāra)'라는 산스크리트어에서 유래했습니다. 이 용어는 신이나 부처의 화신(化身)과 같은 '자신의 분신'을 가리킵니다. 신화 속 등장인물이 자유자재로 모습을 바꾸듯이 이용자가 VR 속에서 자신의 외모를 자유롭게 바꿀 수 있다는 점이 비슷하여 사용되기 시작했지요. 아바타는 메타버스와 VR의 고유한 요소는 아닙니다. SNS에서 쓰이는 아이콘도 넓은 의미에서는 아바타에 포함되거든요. 아이콘의 이미지가 사람 얼굴이든 동물이든 애니메이션 그림이든 그것이 이용자 자

아바타는 자신의 분신

신을 나타내는 상징이라면 아바타라고 할 수 있습니다. 메타버스에서는 아바타가 '그 사람 본인'으로 인식됩니다. 더구나 VR상의 아바타는 이용자가 VR 공간을 체험하는 데 필요한 '육체성'을 갖추고 있습니다. 가상의 공간을 이동하고, 손을 움직여서 가상의 물체를 쥐고, 말하면 그에 맞춰 입매며 표정이 변화하는 아바타를 통해 이용자는 VR 공간을 체험합니다. 아바타는 외모를 표현할 뿐만 아니라 VR 공간을 체험하는 이용자에게 '자신이 그곳에 존재한다는 감각(자기 투사성)'을 불어넣는 역할도 하는 것입니다.

10

아바타로 자신의 개성을 표현할 수 있다

개성 넘치는 아바타가 메타버스에
다양한 커뮤니티를 생성합니다.

메타버스는 현실 세계와 다릅니다. 이용자가 원하지 않으면 아바타를 실제 모습과 연관 지어 설정할 필요가 없어요. 이름, 나이, 직업, 성별, 외모, 행동을 자유롭게 선택할 수 있습니다. 외모를 변경하기가 쉬워서 상황별로 다른 아바타를 사용할 수도 있는데, 그만큼 각자의 개성이 잘 드러납니다. 이상적인 외모를 디자인하는 사람이 있는가 하면, 동물이나 공룡 같은 비현실적인 모습을 고르는 사람도 있지요. 남성이 일부러 애니메이션풍의 미소녀 캐릭터를 아바타로 사용하기도 하는데, 이런 경우는 '버추얼 미소녀 수육(수육(受肉)은 육신을 얻

외모를 마음대로 바꿀 수 있다

는다는 뜻)'이라고 불립니다. 익숙하지 않은 사람에게는 기묘한 행동으로 보일지도 모르겠지만 자기표현의 일종으로 받아들여지고 있습니다. 아바타를 통해 자신과 다른 이용자를 식별하게 되면 커뮤니티가 생겨납니다. 현실 세계에서처럼 선호하는 외모나 행동, 우연한 만남과 대화 등을 계기로 이용자 간에 교류가 시작되지요. VR에서는 자신과 다른 이용자의 삼차원적인 위치 관계를 실시간으로 알 수 있습니다. 이런 정보(다가온다, 물러선다, 손바닥을 마주친다 등)와 주변의 말소리가 들리는 방향에서 느껴지는 거리감(혼잡하다, 널찍하다, 멀리 단체가 있다 등)이 끊임없이 변화하기 때문에 현장감도 있고요. 그것들을 함께 체험하고 즐기다 보면 커뮤니티가 형성됩니다.

11

상상 그대로의 공간을 자유롭게 만들 수 있다

자신에게 이상적인 공간을
메타버스상에 구축할 수 있는 자유로움과 재미가 있습니다.

메타버스 서비스 중에는 공간을 자기 생각대로 디자인하는 기능을 갖춘 서비스가 존재합니다. 블록과 아이템을 메타버스 공간에 자유로이 배치하여 집이나 성 같은 건축물을 짓고, 바다나 숲 같은 자연을 조성하고, 실재하는 건축물을 재현하는 등 상상 그대로의 공간을 메타버스상에 만드는 일이 가능하지요. '세계를 만드는' 즐거움을 많은 플레이어에게 알린 〈마인크래프트(Minecraft)〉라는 유명한 게임이 있습니다. 플레이어가 블록을 쌓아 올려서 제각기 개성적인 공간을 창조하는 이 게임에는 클리어하면 게임이 끝나는 임무가 없습니

내가 좋아하는 공간을 창조

다. 세세한 규칙도 기본적으로는 없어서 게임을 어떻게 즐기느냐는 대부분 플레이어에게 달렸습니다. 〈마인크래프트〉는 2019년, 기록적인 성공을 거둔 〈테트리스(Tetris)〉를 제치고 세계에서 가장 많이 팔린 게임이 되었습니다. 개인용 컴퓨터부터 가정용 게임기까지 다양한 플랫폼에서 즐길 수 있다는 점도 세계적으로 인기를 끈 이유 중 하나지만, 무엇보다 '자신이 좋아하는 공간을 가상 세계에 구축'하는 자유로움과 재미가 수많은 플레이어를 사로잡았다는 점은 분명합니다. 앞으로는 메타버스 서비스에서도 이용자가 편리한 세계를 실현할 수 있도록 자유롭게 공간을 창조하는 기능을 갖춘 종류가 늘어나리라 예상됩니다.

'세계를 만드는' 즐거움을 널리 알린 게임

'메타버스=게임 세계'라는 인식은 틀렸다

12

게임은 메타버스를 이용하는 방식 중 하나에 불과합니다.
앞으로 다양한 분야에서 본격적으로 활용될 것입니다.

메타버스의 구체적인 사례로 곧잘 게임이 언급되어서인지 '메타버스=게임 이야기'라고 여겨지는 경향이 있는데, 그렇지 않습니다. 물론 게임도 메타버스의 용도 가운데 하나이지만 그밖에도 여러 분야에서 활용이 기대됩니다. 이를테면 쇼핑은 어떨까요? 메타버스를 활용하면 집을 나가지 않고도 비현실적일 정도로 규모가 큰 점포에서 쇼핑을 즐길 수 있습니다. 메타버스 비즈니스가 지닌 가능성도 주목거리입니다. 회의나 수업을 메타버스상에서 진행하는 '장소'로서의 사용법은 이미 퍼졌고, 온라인 게임 속에서 열리는 콘서트나 가상 전시

메타버스의 활용 사례

쇼핑

점포의 넓이와 규모, 상품의 진열 방식 등을 현실보다 자유롭게 운용할 수 있는 메타버스에서는 더욱 쾌적한 구매 체험이 가능하다.

메타버스라고 하면 게임을 떠올리기 쉽지만 그밖에도 많은 활용 사례가 있습니다.

어떤 조합으로 코디할까요?

옷이 공중에 떠 있네!

목적별로 모일 수 있어!

회도 시작되었습니다. 장차 메타버스가 영원히 초기화되지 않는 공간이 되고, 아바타와 아이템을 구성하는 데이터가 여러 서비스에서 호환되도록 하는 등의 준비가 갖춰지면 '메타버스=이익을 창출하는 장소'로 보는 인식이 깊어질 것입니다. 현실 세계에서 이루어지는 모든 활동은 메타버스상에서 실현될 가능성을 내포하고 있습니다. 새로운 기술을 처음으로 홍보하기 쉬운 분야가 게임 같은 엔터테인먼트 업계일 따름입니다. '현실과 분리된 편리한 세계'의 본격적인 활용은 이제부터 시작입니다.

13

서브컬처 관점에서 해석하는 메타버스

·····································

메타버스를 파악하기 위해
서브컬처를 활용하는 방법도 효과적입니다.

────────────────────────────────

메타버스를 이해하기 위해서는 서브컬처(하위문화)를 참고할 수도 있습니다. VR 기기의 대표 브랜드인 '오큘러스(Oculus)'를 창업한 팔머 럭키(Palmer Luckey)는 어린 시절에 『스노우 크래시』를 애독했다고 밝혔습니다. '메타버스'라는 단어가 처음 등장한 작품을 접했다는 사실이 오큘러스 창업으로 이어진 것이라면 서브컬처에는 사회를 바꿀 힘이 숨겨져 있는 셈입니다. 이처럼 서브컬처의 세계에는 메타버스를 이해하는 데 도움이 되는 작품이 존재합니다. VR 기기로 오감을 모두 재현해서 가상 현실에 완전히 몰입하는 유형의 게임을 플레

서브컬처 속에 힌트가 숨겨져 있다

저도 소년 시절에
『스노우 크래시』를
애독했습니다.

두근두근해!

흥미로운 세계야

대표적인
VR 기기 브랜드
'오큘러스'의 창업자도
서브컬처의 영향을
받았습니다.

이하는 주인공들을 그린 『소드 아트 온라인(Sword Art Online)』, 황폐해진 현실을 견디지 못한 인류가 가상 현실에서 살게 된 세상을 묘사한 『레디 플레이어 원(Ready Player One)』 등이 그 사례입니다. 향후 메타버스가 나아갈 미래를 알고 싶거나 메타버스로 인해 사람들의 생활이 어떻게 달라질지 궁금하다면 서브컬처를 활용해 보세요. 효과적인 수단 중 하나랍니다.

메타버스를 이해하는 데 도움이 되는 작품

소드 아트 온라인

2009년에 발표된 라이트 노벨. VR 고글을 쓰고 플레이하는 게임을 시작했다가 가상 현실에 갇힌 주인공이 탈출을 목표로 게임 클리어에 도전하는 이야기다.

레디 플레이어 원

2018년에 개봉된 SF 영화. 환경 오염과 정세 불안 등으로 황폐해진 현실 세계에서 가상 현실로 도망친 사람들이 그 가상 현실을 개발한 창조자의 유산을 둘러싸고 싸움을 벌인다.

가상 현실을 다룬 작품은 꽤 많습니다. 메타버스를 이해하기 위해 감상해 봅시다.

14

〈소드 아트 온라인〉이야말로 메타버스 세계

현실 세계를 거부하고
가상 현실에서 살아가기를 선택하는 사람이 나타날 수도 있습니다.

2012년에 방송을 시작한 TV 애니메이션 〈소드 아트 온라인(SAO)〉은 가상 현실에 오감을 모두 재현해서 완전히 몰입하는 유형의 게임을 무대로 한 작품입니다. VR 게임인 〈SAO〉는 이용자가 컴퓨터나 스마트폰 화면 너머에 앉아서 하는 게임이 아닙니다. 머리에 푹 뒤집어쓰는 형태의 HMD를 착용한 채 침대에 드러누워서 가상 현실에 오감을 전부 내맡긴 상태로 몰입하는 게임입니다. 게임 속에서는 자신이 좋아하는 모습을 하고 마음대로 돌아다닐 수 있습니다. 걷기, 뛰기, 앉기 등 현실 세계에서 하는 일상적인 동작은 메타버스 속에서도

가상 현실에 풍덩 빠지다

이야기의 시작은 2012년입니다!

가상 현실에 갇히다
게임의 지배자가 플레이어들에게 "누군가가 게임을 클리어할 때까지 가상 현실에서 나갈 수 없다"고 통보.

누군가가 클리어할 때까지 로그아웃할 수 없나 봐!

몰입형 게임인가...

현실 세계로 돌아가지 못한다는 거야?

VR 게임 〈SAO〉가 시작
2012년, 가상 현실에 오감을 모두 재현해서 완전히 몰입하는 VR 게임인 〈소드 아트 온라인(SAO)〉 서비스가 시작되었다.

그대로 재현됩니다. 애니메이션의 스토리는 어떨까요? 가상 현실이 주는 몰입감에 풍덩 빠진 주인공들에게 "누군가가 게임을 클리어할 때까지 가상 현실에서 나갈 수 없다"라는 게임 지배자의 통보가 떨어집니다. 주인공은 2년에 걸쳐 게임을 클리어하지만 잇따라 새로운 게임이 시작되어 가상 현실에서의 전투가 계속됩니다. 〈소드 아트 온라인〉에는 사고로 가상 현실에 '갇힌' 주인공들과 달리 처음부터 가상 현실에 '눌러앉아' 생활하는 플레이어도 등장합니다. 그래서 〈소드 아트 온라인〉은 앞으로 가상 현실에서 살아가기를 선택하는 사람이 나타날 것을 예견한 작품이라고도 볼 수 있습니다.

15

〈전뇌 코일〉이 그리는 유사 현실이 보급된 세계

AR의 보급으로 현실과 디지털이 융합된 세계를 그린
애니메이션 작품입니다.

AR(증강 현실)의 보급은 웨어러블 기기(Wearable Devices)의 보급에 크게 좌우됩니다. 웨어러블 기기란 몸에 착용할 수 있는 단말기를 총칭하는 용어이며, 대표적인 웨어러블 기기로는 안경형 스마트 글라스와 손목시계형 스마트 워치가 있습니다. 2007년 일본에서 방영된 TV 애니메이션 〈전뇌 코일(電腦コイル)〉은 아이들 사이에도 '전뇌 안경'이라는 안경형 AR 기기가 보급된 가공의 지방 도시를 무대로 한 이야기입니다. 등장인물들은 항상 전뇌 안경을 착용하여 네트워크에 접속한 상태로 생활합니다. 우리가 컴퓨터나 스마트폰을 이용해

AR형 유사 현실을 묘사

전뇌 코일

2007년에 TV 방송으로 방영된 애니메이션 작품이다. '전뇌 안경'이라고 불리는 안경형 AR 기기가 보급된 세계를 묘사했다.

일상생활, 일, 놀이, 수업 등 어떤 상황에서나 전뇌 안경으로 정보를 수집하는 세계입니다.

그 안경을 쓰면 내가 보인다멍!

주고받는 이메일도 필요할 때 공중에 나타나는 가상 화면으로 주고받지요. 이야기에서 중요한 역할을 하는 반려동물의 존재는 AR의 강점을 한껏 드러냅니다. 이래저래 반려동물을 키우지 못하는 사람도 전뇌 안경으로 보는 세계에 좋아하는 동물의 영상을 덧입혀서 반려동물이 있는 생활을 체험할 수 있어요. 이것은 애니메이션 속에서나 가능한 이야기가 아닙니다. 일찍이는 열대어 수조를 시뮬레이션하는 〈아쿠아존(Aquazone)〉이라는 컴퓨터 게임이 1990년대에 발매되었지요. 로봇 반려동물을 키우는 것보다도 더 부담이 적은 이 방법은 기기의 진보와 함께 보급될 듯싶습니다.

전뇌 안경을 써야만 보이는 것

전뇌 반려동물
전뇌 안경을 통해서만 보이는 반려동물.

다양한 반려동물을 키울 수 있어!

전뇌 내비게이션
자동차의 자동 운전을 실현하는 내비게이션 시스템.

공중에 표시되는 창
전뇌 안경 너머로 표시되는 화면을 조작해 정보를 수집.

이 가게는 고평가되었군.

FOOD
★★★★

16

'가상 현실=현실과 다른 세계'로 앞서가다

‘현실과 다른 세계를 만든다’라는 사고방식에서는
일본이 앞서고 있습니다.

세계적으로 VR이라고 하면 ‘현실을 본뜬 세계(유사 현실)’를 목표하는 것이 일반적입니다. 그렇다 보니 서양권 연구자들은 VR 콘텐츠를 만들 때, 현실을 충실하게 모방하는 데서 시작합니다. 〈레디 플레이어 원〉처럼 현실과 분리된 세계를 구축하는 방식은 비교적 드문 참신한 발상이었던 셈이죠. 그에 비해 일본에서는 일찍부터 ‘현실 세계와 VR은 별개’로 인식하고, 현실과 닮은 세계가 아닌 현실과는 다른 또 하나의 세계를 만드는 방향으로 나아갔습니다. 이 차이는 어디서 왔을까요? 명확한 이유는 알 수 없으나 일설에 따르면 ‘Virtual Reality’를

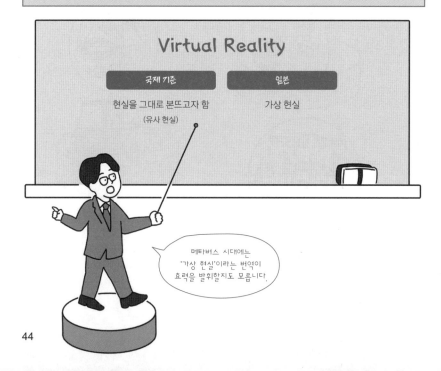

'Virtual Reality'를 '가상 현실'이라고 번역했다

Virtual Reality

국제 기준	일본
현실을 그대로 본뜨고자 함 (유사 현실)	가상 현실

메타버스 시대에는
‘가상 현실’이라는 번역이
효력을 발휘할지도 모릅니다.

'가상 현실'이라 번역한 것이 원인이라고 합니다. 세계적으로 'Virtual'은 일본어에서 말하는 '유사한(현실 같은)'이라는 의미로 받아들여지는 경우가 많은데, 일본에서는 '가상(공상)의'라는 의미로 받아들여서 'VR＝현실과는 다른 세계'를 가리키는 경우가 많았다는 것입니다. 메타버스는 '현실과 분리된 편리한 세계'입니다. 다가올 메타버스 시대에는 '가상 현실＝실제와는 다른 또 하나의 세계'라는 사고방식에서 앞서간 일본에 큰 기회가 찾아올지도 모릅니다.

현실과 분리된 편리한 세계

SNS에서 사람들을 에워싸는 '필터 버블'이란?

17

필터 버블의 존재가 SNS와 메타버스를 넓은 세계가 아닌
비슷한 속성의 사람들 속에 가둔 작은 세계로 만들어 버립니다.

필터 버블(Filter Bubble)이란 원래 검색 사이트에서 개인의 인터넷 검색 결과에 맞춰 제공하는 알고리즘 기능이 '이용자가 보기 싫어할 법한 정보를 미리 차단'하여 마치 '거품' 속에 갇힌 것처럼 '자신이 보고 싶은 정보에만 노출되는' 상태를 지칭했습니다. 그러다가 이것이 심화하여 SNS의 친구 관계에서 속성이 가까운 사람들만 가둔 작은 세계를 만들어 버리는 현상까지 가리키게 되었지요. SNS에서는 사고방식, 가치관, 생활 수준 등 이런저런 속성이 서로 비슷할 수록 "좋아요!"가 증가하여 기분이 좋아집니다. 그래서 SNS 운영 회사는 여러 겹

SNS의 본질이란?

의 필터링을 덧씌워 이용자가 기분 좋게 서비스에 오래 머무르도록 설계합니다. 이용자를 SNS로 포위한다고 할까요? 이용자 본인이 필터 버블을 의식하는 일은 거의 없습니다. 이용자는 자신이 많은 친구와 연결되어 있다고 느끼는데, 실제로는 극소수의 비슷한 사람들하고만 연결됩니다. SNS는 '전 세계 사람들과 넓게 연결되는' 도구라기보다는 '넓은 세계에서 좁게 형성된 폐쇄 공간을 찾는' 도구라고 파악하는 편이 본질에 더 가깝습니다.

18

SNS의 연장선상에서 발전을 이루는 메타버스

메타버스는 현실 세계의 불편함을 없앤
편리하고 안전한 또 하나의 세계입니다.

마음이 맞는 사람들끼리만 지낼 수 있는 유형의 SNS에서 느껴지는 편안함은 타인에게 공격당하지 않는다는 안심감을 토대로 조성됩니다. 필터 버블에 의해 '가치관이 비슷한' 사람들과 연결되는 만큼 가치관 차이로 갈등을 빚을 염려도 없습니다. 이렇게 심리적인 안심이 담보되고, 기술이 진보하여 촉각과 후각까지 가상 현실에서 실현되면 그다음 과제는 '이용자가 이 세계에 얼마나 오래 머무를 수 있느냐'가 됩니다. "일 때문에 나갈게요"를 없애기 위해서는 메타버스에서 일하고 수입을 얻는 환경이 마련되어야 합니다. 그래야 수면, 식사, 배

메타버스는 SNS의 진화형?

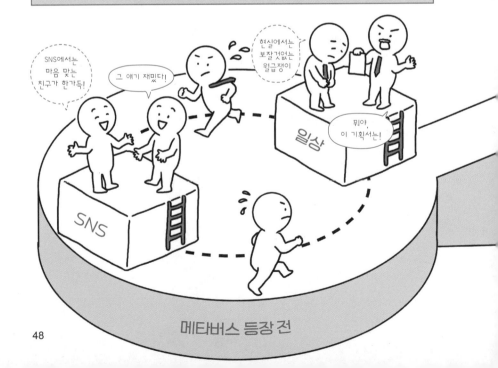

설, 목욕 이외의 모든 활동을 메타버스 안에서 완결할 수 있게 됩니다. 메타버스는 현실 세계의 좋은 점만을 쏙쏙 골라낸 또 하나의 세계입니다. 현실의 괴로움은 인간관계와 노동에서만 오지 않습니다. 사고, 질병, 노화로 인한 신체적 불편함에서도 옵니다. 현실 세계에서는 몸이 불편하여 뜻대로 걷기 어려울지라도 중력이 설정되지 않은 메타버스에서라면 젊고 건강한 몸의 아바타를 사용해 자유롭게 활동할 수 있습니다. '또 하나의 세계'라고 하면 아무래도 현실에서 도피하는 인상을 받기 쉽지만 생활상의 불편이 제거된 편리하고 안전한 세계라는 측면도 있습니다.

'멀티버스'로
다양한 욕구가 충족된다

19

세계관과 가치관이 같은 그룹을 골라
즐기는 방식입니다.

영화에서 묘사되는 메타버스는 유일하고 거대한 대륙(가상 현실)에 모든 이용자가 집합해 있는 형태입니다. 그러나 현실의 메타버스는 마음 맞는 사람끼리 모인 조그만 섬이 여럿 존재하는 모습일 듯합니다. 메타버스는 '현실과는 다른, 자신에게 편리한 원리'로 움직이는 세계니까요. 가상 현실에서 의사소통하는 상대는 필터 버블 안쪽에 있는 제한된 극소수의 사람일 테고요. 그곳은 서로 가치관이 맞는 사람밖에 없는, 누군가에게 부정당할 위험이 없는 편안한 공간입니다. 게다가 가상 공간에서는 실제 자신과 동떨어진 캐릭터를 아바타로 선

메타버스보다 멀티버스

택할 수 있습니다. 나이와 성별 같은 현실에서는 바꾸기 어려운 속성을 취향대로 바꿔서 자신이 기대했던 반응을 얻어 낼 수도 있지요. 기술적인 측면에서도 하나의 거대한 메타버스보다는 멀티버스(다중 우주론: 현재 지구가 속한 우주 이외에 또 다른 우주가 무수히 존재한다는 이론. 본 책에서는 '여러 개의 메타버스가 존재하는 상태'라는 의미로 사용)를 보급하는 편이 현실적입니다. 무한한 돈을 쏟아부으면 억 단위의 이용자를 수용하는 가상 현실도 만들 수 있겠지만 중요한 것은 가치관의 일치 수준입니다. 그런 점에서 보면 저마다 세계관이 다른 작은 세계들을 누비며 그때그때 자신의 욕구에 가장 알맞은 장소를 골라 즐기는 방식이 메타버스의 주된 사용법이 되겠지요.

20

AI의 진보가
메타버스를 뒷받침한다

일상적인 풍경을 자연스럽게 재현하는 장치가
메타버스의 몰입감을 뒷받침합니다.

최근 게임 작품의 압도적인 몰입감을 뒷받침하는 요소는 게임 속 풍경과 NPC(플레이어가 조작하지 않는 캐릭터)의 자연스러운 움직임이라고 해도 과언이 아닙니다. CG 기술의 발전으로 언뜻 보기에는 실제 영상인가 싶을 만큼 '잘 만든' 영상이 늘었습니다. 메타버스 세계에서도 AI(인공 지능)를 활용해서 자연스러운 느낌을 연출하는 데 방대한 에너지를 쏟게 되었고요. 인간은 참 신기해서 엉성한 막대 인간이며 고양이 같은 캐릭터를 '진짜처럼' 받아들이다가도 너무 잘 만들어진 가짜를 보면 '티끌만한 위화감마저 감지하고 마는' 성향이 있습니

AI가 장식하는 메타버스 세계

지형을 고려하면...

거리를 벌려서 흩어지자!

따라갈까나?

저쪽으로 갈게.

플레이어

AI

AI

AI

NPC의 자연스러운 움직임

AI가 활용되면서 플레이어가 아닌 캐릭터들의 자연스러운 움직임이 돋보이는 게임 작품이 늘었습니다.

다. 얼핏 봐서는 진짜와 구별되지 않을 법한 CG이기에 더더욱 압도적인 사실성을 바라는 것입니다. 그럼 어떻게 해야 할까요? 진보된 AI로 '더 자연스러운 움직임'을 만들어서 이용자가 메타버스에 몰입하도록 설계해야 합니다. 예를 들어 봅시다. 실제로 공원에 가면 주위 상황이 어떤가요? 아이를 데려온 부모, 강아지와 산책하는 보호자, 빠르게 길을 가로지르는 행인, 화단을 손질하는 사람 등 모두가 자율적으로 행동합니다. 우연히 대화를 나누기도 할 테고요. 그런 상황을 메타버스 속에서도 자동으로 생성하여 사람이 조작하는 아바타처럼 AI가 이용자의 행동에 맞춰 움직이게끔 프로그램해야 합니다. 인간뿐만 아니라 풀과 꽃, 작은 새, 바람에 휘날리는 편의점 비닐봉지까지 '그럴듯해' 보이도록 말이지요.

5G의 보급으로 메타버스가 더 일상화된다

21

5G가 실현하는 고속·대용량 통신은
메타버스의 품질을 높이고, 보급을 가속합니다.

이동 통신 시스템의 새로운 규격인 '5G'의 확산이 메타버스 보급을 촉진한다는 견해가 있습니다. 5G에는 현재 규격인 4G에 비해 고속·대용량, 초연결, 저지연이라는 특징이 있고, 그러한 특징은 휴대 회선으로 메타버스에 접속하는 데 적합한 요소이기 때문입니다. 더군다나 메타버스 체험을 생생하게 만들려면 무엇보다 세계관 구현이 중요합니다. 눈에 보이는 배경 화면과 귓전을 스치는 소리야말로 '실감 나는' 가상 현실을 떠받치는 기둥 역할을 하거든요. 게임 속 NPC의 행동이 현장감을 높이듯이 말입니다. 물론 이용자의 사소한 움직임

메타버스에 대한 기대를 부풀리는 5G

통신 속도   동시 접속 수   용량

고속·대용량   초연결   저지연

5G가 되면…

이런 상태에 익숙해졌지만…

훨씬 쾌적해졌어!

4G   5G

에 실시간으로 반응하고 피드백을 주는 것도 중요합니다. 가상 현실이기에 가능한 시각적·청각적 증강은 메타버스의 묘미가 될 테니까요. 실제로 2019년 일본에서 개최된 럭비 월드컵에서는 5G를 활용한 스포츠 관람의 실증 실험이 실행되었습니다. 실시간으로 시합을 관람하면서 선호하는 카메라 앵글을 선택하고, 이용자가 원할 때 팀과 선수의 정보를 표시하는 등 새로운 형태의 스포츠 관람이 제안되었지요. 앞으로는 수많은 인원이 가상 공간에 모여 제각기 행동하는 플랫폼도 증가할 것입니다. 따라서 아바타와 배경을 더 섬세하게 표현하고, 대인원이 실시간으로 교류할 때 발생하는 대기 시간을 줄이면 가상 세계가 생소한 사람들이 느끼는 진입 장벽도 낮출 수 있습니다.

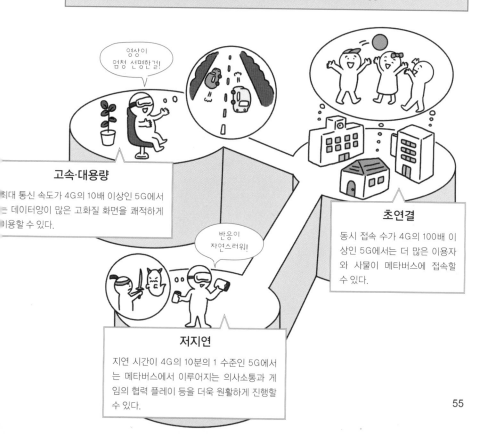

5G가 메타버스 보급을 촉진하는 이유

영상이 엄청 선명한걸!

반응이 자연스러워!

고속·대용량

최대 통신 속도가 4G의 10배 이상인 5G에서는 데이터양이 많은 고화질 화면을 쾌적하게 이용할 수 있다.

초연결

동시 접속 수가 4G의 100배 이상인 5G에서는 더 많은 이용자와 사물이 메타버스에 접속할 수 있다.

저지연

지연 시간이 4G의 10분의 1 수준인 5G에서는 메타버스에서 이루어지는 의사소통과 게임의 협력 플레이 등을 더욱 원활하게 진행할 수 있다.

관객의 시선에 따라 결말이 바뀌는 영화

VR 기술이 진보하고, 메타버스가 보급되면서 영화와 드라마 같은 영상 작품을 즐기는 방법도 변화하고 있습니다.

2019년 봄에는 시청자의 흥미와 관심에 따라 이야기의 결말이 바뀌는, 획기적인 VR 영화 프로젝트가 발표되었습니다. VR 기기가 시청자의 시선이 어디로 움직이는지 탐지하면 그에 맞춰 자연스럽게 이야기가 달라지는 것입니다. 가령 영화에 나오는 다수의 등장인물 가운데 시청자가 자주 눈길을 주는 인물이 있다면 그 인물에게 초점을 둔 시나리오로 다음 이야기가 전개됩니다. VR을 통해 이야기에 몰입하는 감각과 시선(취향)에 따라 변화하는 이야기가 결합하면 시청자는 '자기 자신이 작품 속 등장인물 중 하나가 된 듯한' 느낌을 받을지도 모릅니다.

이처럼 시청자의 흥미와 관심에 맞춘 결말이 여러 개 준비된 작품을 '멀티 엔딩(Multiple Endings)' 작품이라고 부릅니다. 사실 작품이 진행되는 도중에 배너 형태의 선택지가 표시되고, 어느 쪽을 고르느냐에 따라 이야기의 행방이 갈리는 멀티 엔딩 작품은 일찍부터 존재했습니다. 그렇지만 여기에 VR 특유의 몰입감이 더해지면 한층 새로운 영상 체험이 가능해집니다. 메타버스에서 체험하는 영상은 현실 세계의 극장을 뛰어넘는 현장감을 불러올 수 있습니다.

메타버스는 다가올 시대를 만들 '킬러 서비스(Killer Service,

시장에 나오자마자 경쟁 제품을 몰아내고

시장을 완전히 재편할 정도로 높은 인기를 누리는 서비스)'

라고 불리기도 합니다.

그런데 메타버스라는 개념 자체는 원래 존재했고,

비슷한 서비스는 과거에도 등장한 바 있습니다.

왜 지금에야 메타버스가 주목받게 되었을까요?

메타버스가 앞으로 어떤 성장을 보여 줄지 살펴봅시다.

메타버스란 차기
'킬러 서비스'

01

누구나 메타버스에 모이는 미래가 10년 뒤에는 온다

메타버스는 어떻게 많은 사람이
머무르는 장소가 될까요?

통신 사업 관계자와 엔터테인먼트 전문가에 따르면, 10년 뒤에는 '누구나 메타버스를 당연하게 이용하는 미래'가 온다고 합니다. 현재 메타버스는 게임을 비롯한 엔터테인먼트 분야에서 주로 활용되는 실정입니다. 하지만 장차 비즈니스와 교육 분야에서도 활용될 가능성이 충분한지라 일상적으로 메타버스에 접속하는 이용자는 늘어날 것입니다. 2010년대 후반부터 미국의 〈로블록

2030년의 메타버스 세계

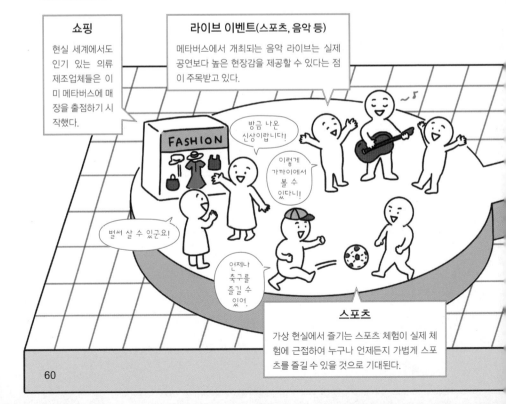

쇼핑

현실 세계에서도 인기 있는 의류 제조업체들은 이미 메타버스에 매장을 출점하기 시작했다.

라이브 이벤트(스포츠, 음악 등)

메타버스에서 개최되는 음악 라이브는 실제 공연보다 높은 현장감을 제공할 수 있다는 점이 주목받고 있다.

방금 나온 신상이랍니다!

이렇게 가까이에서 볼 수 있다니!

벌써 살 수 있군요!

언제나 축구를 즐길 수 있어.

스포츠

가상 현실에서 즐기는 스포츠 체험이 실제 체험에 근접하여 누구나 언제든지 가볍게 스포츠를 즐길 수 있을 것으로 기대된다.

스(Roblox)〉와〈포트나이트(Fortnite)〉, 일본의〈모여봐요 동물의 숲(あつまれ どう
ぶつの森)〉과 같은 3D 게임 세계가 메타버스의 일종으로서 인기를 끌고, 음악 라
이브며 이벤트가 잇따라 개최되었습니다. 라이브 공연 한 회에 1,000만 명 이상이
동시에 참여하는 등 현실에서는 실현 불가능한 규모의 이벤트도 있고요. 2021년
에는 페이스북이라는 세계적인 IT 기업이 메타버스 사업에 뛰어들겠다는 의사를
밝혔습니다. 이와 더불어 메타버스를 즐기는 데 필요한 환경 정비가 급속히 진행
되고, 새로운 메타버스 서비스와 저렴한 고성능 기기가 발매되어 시장 활성화로
이어졌지요. 그간 재미로만 즐기던 메타버스 세계에 비즈니스가 생겨 경제 활동
이 활발해지면 신규 사업자가 속속 진입하기 마련입니다. 그리고 각종 분야의 사
업자가 다양한 서비스를 벌이면 메타버스에 모여드는 사람의 속성과 수도 갈수
록 확대될 것입니다.

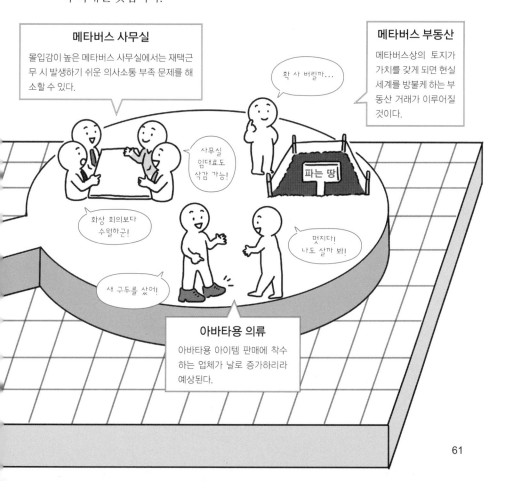

메타버스 사무실
몰입감이 높은 메타버스 사무실에서는 재택근
무 시 발생하기 쉬운 의사소통 부족 문제를 해
소할 수 있다.

메타버스 부동산
메타버스상의 토지가
가치를 갖게 되면 현실
세계를 방불케 하는 부
동산 거래가 이루어질
것이다.

아바타용 의류
아바타용 아이템 판매에 착수
하는 업체가 날로 증가하리라
예상된다.

02

환경이 마련되면
누구나 바로 이용할 수 있다

특별히 훈련하지 않아도 사용할 수 있는
'이용자 친화적인 인터페이스'로 이용 장벽을 낮춥니다.

메타버스 보급을 위해 서비스 제공자가 넘어야 할 거대한 장벽 중 하나는 이용자의 숙련 비용을 낮추는 것입니다. 다시 말해 자신들의 서비스에 어떻게 '이용자가 익숙해지도록 만드느냐'가 문제라는 뜻입니다. 메타버스에서 중요시되는 환경은 가상 세계가 낯선 이용자일지라도 직관적으로 조작할 수 있는 '이용자 친화적인 인터페이스(Interface, 사물과 사물 혹은 이용자와 사물을 연결해 주는 매개체)'입니다. 웹 세계의 서비스 제공자는 상황에 맞춰 민첩하게 개발 방향을 바꿀 수 있지만 이용자는 그렇지 않으니까요. 웹, 휴대전화, 컴퓨터 등 비슷해

메타버스에 순조롭게 녹아들 수 있는 이유

컴퓨터·피처폰

기종 차이에 따라 조작법이 크게 달라진다는 점과 소프트웨어를 이용하려면 많은 훈련이 필요하다는 문제가 두드러졌다.

공부하지 않으면 사용할 수 없구나…

기종을 바꿨더니 조작법을 전혀 모르겠네.

1990년대

UI(유저 인터페이스)의 변화

보이지만 전혀 다른 제품과 서비스 사이에서 이용자가 우왕좌왕하다 결국 받아들이지 못한 것이 지금껏 참 많았습니다. 앞으로는 숙련 비용을 낮추고, 비숙련 이용자의 스트레스를 줄이는 서비스 디자인과 화면(정보) 설계가 중요합니다. 근래에는 서비스 측의 유저 인터페이스와 이용자 측의 조작 능력이 모두 향상하여, 사회 전체가 메타버스를 받아들이기 쉬운 방향으로 움직이고 있습니다. 메타버스가 향후 사회의 인프라가 되느냐 마느냐는 유저 인터페이스(User Interface, 기계(특히 컴퓨터)와 인간을 연결하는 인터페이스)에 달렸다고 해도 과언이 아닙니다.

스마트폰의 대두, 메타버스로 계승

스마트폰 보급과 터치패널의 편리성이 시너지 효과를 일으키면서 직관적으로 조작할 수 있는 애플리케이션과 서비스가 늘었다. 메타버스 서비스도 이런 세련된 유저 인터페이스를 계승한다고 볼 수 있다.

메타버스의 구심력은 '커뮤니티'

메타버스의 매력은 이용자끼리 형성하는
커뮤니티에 있습니다.

메타버스의 역할을 단순하게 표현하면 '장소'입니다. 메타버스가 이용자에게 매력적인 장소인 이유는 무엇일까요? 가치관이 비슷한 사람들의 커뮤니티가 존재하고, 그곳에서 교류할 수 있기 때문입니다. 누구와도 엮이지 않고, 어떤 집단에도 속하지 않은 채 VR 공간에 홀로 머무르는 시간도 때로는 필요하겠으나 계속 외톨이로 지내는 것은 남몰래 일기를 쓰는 것이나 다름없습니다. 메타버스의 구심력은 다른 참여자와의 교류라든가 쇼핑, 창작, 판매와 같은 활동적인 체험에 있습니다. 이상적인 교류가 기대되는 커뮤니티를 찾아 접속하는

교류할 커뮤니티를 찾아서

즐거움이 이용자를 끌어당기는 셈이지요. 취미나 가치관이 비슷하면 교류에 내포된 수고(오해받지 않도록 전달 방식에 주의하는 일)와 위험성(엉뚱한 의미로 전달되어 상대와 다툰다거나 악플이 쇄도하는 것)은 줄어듭니다. 심리적·사회적인 안심과 안전을 제공해 주는 커뮤니티에 참여하는 행위는 메타버스를 이용하는 사람에게 가장 강력한 동기가 될 것입니다.

04 그래픽 성능 향상이 약진의 열쇠

그래픽 성능의 향상은
메타버스가 주목받게 된 배경 가운데 하나입니다.

마치 실제와 같은 영상으로 즐기는 비디오 게임은 21세기에 들어서 발매되었습니다. '패미컴(Famicom)'이라는 가정용 게임기가 등장한 1980년대에는 '게임기=아이들 장난감'이었어요. 컴퓨터 게임도 키보드로 문자를 입력해서 플레이하는 마니아용 게임뿐이었죠. 1990년대에서 2000년대로 접어들면 GPU(그래픽 기능에 관련된 연산 처리를 담당하는 반도체 칩)가 진화하여 시각 효과가 현격히 향상됩니다. 그러자 게임 이용자의 연령층이 확대되면서 '게임=어른도 즐기는 오락물'로 인식되기 시작했습니다. 현재는 언뜻 보면 실제와 구별되지 않는

메타버스를 떠받치는 그래픽 기술

선명해! 진짜 같은걸!

그래픽의 진화가 이용자의 체험을 향상시킵니다.

부드럽게 움직이네!

해상도

프레임률

진화한 그래픽 기능

CG를 실시간으로 움직이는 수준에 도달했고요. 이러한 기술은 게임 분야뿐만 아니라 메타버스 세계에도 꼭 필요합니다. GPU와 모니터 해상도의 향상으로 실현된 고화질(4K, 8K, 16K) 화면과 프레임률(Frame Rate, 1초 동안 표시되는 장면 수)의 향상으로 가능해진 더 자연스러운 영상 표현은 메타버스 보급을 강하게 밀어붙일 수 있는 재료가 됩니다. 그래픽 성능의 진화는 메타버스가 현재에 이르러 주목받게 된 이유 중 하나입니다. 메타버스의 개념이라든가 유사한 서비스는 과거에 이미 등장했으니까요.

해상도 향상
GPU와 모니터 해상도의 향상으로 4K, 8K, 16K라는 높은 화질이 실현되었다.

반응 속도 향상
1초 길이의 영상이 몇 장면(프레임)으로 만들어졌는지를 나타내는 '프레임률'이 향상되어 1000분의 1초를 다투는 게임의 플레이어를 비롯한 많은 이용자가 더 자연스러운 영상을 체험할 수 있게 되었다.

화질이 굉장히 좋아.

움직임이 자연스러워!

선명하고 자연스러운 영상 체험

05

'몰입형 기기'의 진화가 메타버스를 확대한다

몰입형 기기를 사용하면
메타버스에 빠져드는 감각이 더욱 강해집니다.

　　　　아직 게임기의 성능이 떨어져서 문자와 선화(線畵)밖에 표시하지 못했던 시대에도 그 나름의 가상 세계를 즐기는 사람들이 있었습니다. 게임을 위한 사전 지식이 필요하거나 상상력으로 보완해야 할 부분이 많은지라 일부 팬들이 즐기는 수준이기는 했지만요. 이뿐만이 아닙니다. '가상 세계에 몰입'한다는 측면에서만 보면 예전부터 많은 사람이 소설을 오락거리로 즐겨 왔습니다. 이렇게 문자 정보만으로도 그 세계에 몰입할 수 있다면, 눈과 귀로 다채로운 정보가 들어오는 가상 현실에 몰입하는 일은 더더욱 매력적일 터입니다. 앞으로는 작고

입력 기기가 진화를 거듭했다

키보드, 마우스
초기에는 키보드밖에 없었지만 마우스가 등장하여 입력의 폭이 넓어졌다.

키보드와 마우스를 딸깍딸깍…

섬세한 조작을 하기가 쉬워졌어!

게임 패드(컨트롤러)
컴퓨터에서도 게임 패드를 이용할 수 있게 되어서 한결 섬세한 입력이 가능해졌다.

인터페이스의 진화

가벼운 HMD나 고성능 헤드폰이 탑재된 헬멧형 장치처럼 가상 세계로의 몰입을 방해하지 않는 기기가 필요합니다. 개인의 자유 시간을 쟁탈하는 싸움은 단기전이 아닌 장기전입니다. 온갖 서비스 제공자가 개인의 자유 시간을 오래 점유하기 위해 머리를 쥐어짜고 있지요. 이용자가 놀든 일을 하든 그 세계에서라면 장시간 사용해도 피로가 적고, 몸에 착용하자마자 편하게 사용할 수 있는 적응형 기기는 그야말로 미래의 과제입니다. 입구의 문턱을 낮출 '몰입형 기기'를 둘러싼 개발 경쟁이 메타버스의 가능성과 이용자 수를 확대하고 있습니다.

06

현실의 번잡함에서
해방되는 세계에 몰입

현실 세계와 달리 비슷한 사람끼리 교류하는 메타버스에서는
마찰이 일어날 위험이 적습니다.

현실 세계에는 각양각색의 가치관이 존재합니다. 현재는 개인의 권리와 다양성의 중요함이 널리 인식되어 의사소통의 난이도가 갈수록 올라가는 중이고요. 자유를 존중하는 경향이 강해진 현대 사회에서 이렇다 할 타협점이 보이지 않는 문제에 갑작스레 휘말려 매일 근심하는 사람도 아마 있겠지요. 다양한 가치관이 인정받게 되면서 타인과 충돌할 위험성이 높아졌으니까요. 한편 SNS에서는 마음이 맞는 친구들에게 둘러싸여 인정 욕구와 자존감을 조용히 만족시킬 수 있습니다. SNS의 본질은 가치관이나 속성이 어긋나는 사람과의 관계를

현실 세계에서 탈피

끊고, 비슷한 사람끼리 모이는 세계를 구축하는 것입니다. 커다란 모집단에서 충돌 위험이 적은 사람들만 선별하여 쾌적한 폐쇄 공간을 꾸린다고 할까요? 그래도 지금은 개인적으로 시간을 내서 가상 현실에 접속하는 사람이 대부분입니다. 생활의 기반이 되는 일과와 사회생활은 모두 현실에서 영위하지요. 하지만 가상 현실에서 일이며 공부며 연애까지 가능한 서비스가 있다면 그곳에 머무르는 시간은 지금보다 길어질 것이 분명합니다. 자유가 존중되는 시대 속에서 고민하는 사람들은 메타버스에 기대를 걸기 마련입니다.

자유를 강하게 주장하는 사회

의사소통 과정에서 생기는 위험성 증가
별 뜻 없는 발언이 상대를 불쾌하게 한다면 어떨까? 다양한 가치관이 인정되는 사회는 의사소통 과정에서 갈등을 빚을 위험성이 높은 사회라고도 할 수 있다.

07

코로나 시국에 침투한 '원격 활동' 메타버스에서 더 쾌적하게

코로나바이러스 사태로 '원격 활동'이 일반화된 상황도
메타버스의 보급을 촉진합니다.

2020년부터 시작된 코로나바이러스 사태로 우리는 직접 만나지 않고도 '대면'하는 방법이 있음을 배웠습니다. 화상 회의 시스템이 폭발적으로 보급되어 혼란한 와중에도 일터와 학교에서는 착실히 활용법을 찾았고, 기존의 방식을 무작정 화상 회의로 재현하려다 많은 불편을 겪기도 했어요. 그런가 하면 원격 활동의 특징을 십분 활용하여 성과를 올리는 이용자도 있어서 격차가 벌어졌습니다. 원격 활동에 메타버스적인 요소를 도입해 '원격 활동 특유의' 장점을 끄집어낸 사례도 있습니다. 가상 현실이라고는 하나 엄연히 좌석이 있고, 개인의

코로나 시국에 드러난 원격 활동의 가능성

화상 회의, 다 함께 스포츠 관람

존재감이 느껴지는 '가상 사무실'에서는 스치듯 나누는 잡담까지 실제처럼 구현됩니다. 같은 장소에서 같은 방향을 바라보는 행위의 중요성에 착안하여 '아바타로 가상 공간에 집합'해 업무나 수업, 행사를 진행하는 사례 또한 늘어났습니다. 반드시 직접 대면하지 않아도 문제가 없는 환경하에서는 만남의 여부를 더 전략적으로 선택할 수 있습니다. 지금은 특정 업종에 국한되어 있지만 기술 수준이 높아지면 범위는 자연히 넓어집니다. 사람들이 가상 현실에서 생활하는 시간이 확대된다면 '가상 현실에서 가능한 일'뿐만 아니라 '가상 현실에서만 가능한 일'의 종류도 증가할 것입니다.

메타버스가 '원격 활동'을 진화시킨다

메타버스 사무실, 메타버스 경기장

08

'실제 체험으로 충분해'를 뒤집는 가치

메타버스에는 '실제 대신'에 그치지 않는
'실제보다 높은 가치'가 있습니다.

　　메타버스가 인프라로 자리를 잡으면 사람들이 그곳에서 보내는 시간은 길어질 수밖에 없습니다. 지금도 SNS에 장시간 접속하는 사람이 있는데, 메타버스라는 '또 하나의 세계'가 완성된다고 생각해 보세요. 하물며 그곳에는 일터와 학교, 놀이터며 휴식 공간까지 모두 준비되어 있습니다. 물론 그곳이 현실을 모방한 세계라면 굳이 시간과 돈을 들여서까지 들어가지는 않겠지요. '현실로도 충분'하다는 생각이 들 테니까요. 그러나 메타버스는 '현실보다 조금 더 편안한 장소'를 목표로 합니다. 각 체험의 내용은 현실 세계와 똑같을지라도 무엇을

'실제보다 좋은' 체험이 있다

알기 쉬운데!

이것이 건설 중인 빌딩의 실물 크기입니다.

갑자기 빌딩이 나타났네!

프레젠테이션 중간에 실물 크기의 빌딩을 보여 주는 등 현실 세계에서는 불가능한 일을 실현할 수 있습니다.

하든 실제보다 편리한 곳, 일상생활에 당연하게 존재하는 자질구레한 스트레스가 한 꺼풀 벗겨진 쾌적한 세계, 수업은 쌍방향적인 교재로 즐겁게 이루어지고, 여러 번 틀려도 꾸짖지 않는 아바타가 공부를 봐 줍니다. 프레젠테이션에 효과를 줄 화려한 연출도 할 수 있습니다. 독서에서도 예술 감상에서도 실제보다 좋은 체험이 가능하다면 '실제 체험으로 충분'하다는 생각은 뒤집히지 않을까요?

09

지금 메타버스에 가장 근접한 게임

온라인 전투 게임인 <포트나이트>는
현재 메타버스에 가장 근접한 게임입니다.

2017년에 서비스가 시작된 온라인 게임 〈포트나이트〉는 본래 다른 플레이어와 팀을 이루어 싸우는 슈팅 게임(Shooting Game, 총과 같은 원거리 무기를 발사하여 적을 물리치는 게임)입니다. 정교한 3D로 표시되는 박력 만점의 전투 장면을 즐기도록 제작되었지요. 그런데 전투 이외의 이용법이 널리 알려지면서 메타버스에 가장 가까운 게임이라고도 불리게 되었습니다. 실은 '싸우지 않아도 되는 모드'로 접속하면 플레이어가 마음 내키는 대로 지낼 수 있거든요. 문자나 음성으로 다른 플레이어와 채팅을 한다든가 의상과 아이템으로 아바타를 꾸민

메타버스에 가장 근접한 게임

포트나이트

2017년에 에픽 게임즈(Epic Games)에서 발표한 온라인 슈팅 게임. 컴퓨터, 가정용 게임기 등 온갖 플랫폼에서 플레이가 가능하여 세계적으로 많은 팬을 확보하고 있다.

다양한 필드에서 싸우는
슈팅 게임입니다!

포트나이트란

다든가 하면서요. 큰 시스템 속에서 마음이 맞는 작은 그룹을 결성하거나 술래잡기 같은 별도의 놀이를 해도 상관없고, 그냥 그 세계를 느긋하게 바라보기만 해도 됩니다. 이 기능을 활용하여 〈포트나이트〉 속에서 라이브 공연이며 이벤트를 여는 아티스트까지 등장했습니다. 테마파크나 보행자 천국처럼 자유롭고 편안하게 가상 현실을 즐기는 방법으로도 사랑받는 것입니다. 현실에서는 이동 시간, 교통비, 신체적인 불편 등으로 가로막혔던 모임이 로그인만 하면 가능해지니까요. 핵심은 〈포트나이트〉의 가상 세계가 현실의 단순한 복제 또는 하위 호환이 아니라는 점입니다. 그곳은 현실적으로는 불가능한 일을 실제 이상으로 체험할 수 있는, 또 하나의 유의미한 세계로서 존재합니다.

다채로운 모드가 유저를 끌어모은다

크리에이티브 모드

플레이어들이 각각의 섬에서 자기가 좋아하는 콘텐츠를 만들어 배치할 수 있는 모드. 자기 취향대로 꾸민 섬에 다른 플레이어를 초대해서 놀 수도 있다.

파티 로얄

플레이어들이 섬에서 미니 게임이나 이벤트를 즐기는 모드. 2020년에는 유명 아티스트의 음악 라이브도 개최되었다.

슈팅 게임 이외의 측면

10

〈포트나이트〉가
독주하는 비결

의사소통 기능이 충실하고, 게임 결말이 없다는 점이
이용자에게 지속적인 즐거움을 줍니다.

　　　　　　〈포트나이트〉가 오래도록 플레이어를 확보해 온 데는 몇 가지 이유가 있습니다. 그중 하나는 배틀 로얄이라는 슈팅 게임 본연의 놀이법 외에, 전투에 참여할 필요가 없는 '크리에이티브 모드'가 마련되어 있다는 점입니다. 크리에이티브 모드에서는 오로지 건축에만 몰두한다거나 그저 여유롭게 시간을 보내기만 해도 상관없습니다. 아바타용 의상의 종류가 풍부하다는 점, 제스처와 춤으로 상당히 자유로운 감정 표현이 가능하다는 점도 장점이고요. 그렇다고 전투가 재미없다는 뜻은 아닙니다. 따로 준비된 결말이 없을 뿐 전투 자체는 매력적으

인기의 이유와 메타버스의 가능성

풍부한 외형

아바타용 스킨(의상)이 많이 준비되어 개성적인 모습으로 플레이할 수 있다.

감정 표현

제스처나 춤 등으로 감정을 표현하는 '이모트(Emote)'기능을 사용하여 다른 플레이어와 소통할 수 있다.

음성 대화

협력하며 전투할 때나 잡담할 때 음성으로 대화하는 '보이스 챗(Voice Chat)' 기능이 있다.

머리 모양 귀엽다!

고마워! 정말 기뻐!

오케이!

즐기는 방법은 무궁무진!

일단 내려가자!

충실한 의사소통 기능

로 설계되어 있어요. 게다가 결말의 부재는 이용자가 "최종 보스를 쓰러뜨렸으니 이 게임은 끝"이라며 떠나가지 않도록 방지합니다. 〈포트나이트〉는 게임을 운영하는 측에서 '어떤 세계가 이용자 개인에게 편안한지'를 세세하게 결정하지 않음으로써 이용자마다 다른 욕구를 만족시키는 데 성공한 사례라고 볼 수 있습니다. 어린이와 고령자도 쉽게 조작할 수 있다는 점, 기기 장만에 드는 초기 비용이 비교적 적다는 점, 분위기가 마냥 살벌하지만은 않다는 점도 〈포트나이트〉가 동종의 다른 게임보다 많은 이용자를 확보한 이유입니다.

11

메타버스를
20년 앞질러 간 서비스

······························

메타버스의 선구자라고도 할 수 있는 <세컨드 라이프>는
그곳에서 생활할 수 있는 또다른 세계입니다.

<세컨드 라이프(Second Life)>는 린든 랩(Linden Lab)이 운영하는 가상 현실입니다. 2003년에 시작된 서비스인지라 현재는 주목도가 떨어졌지만 여전히 운영되고 있지요. 2003년 당시 <세컨드 라이프>가 획기적이었던 까닭은 '특별한 목적이 설정되지 않은' 서비스였기 때문입니다. 게임으로 구분된 적도 있으나 정확하게는 '그곳에서 생활할 수 있는 또 다른 세계'라고 표현해야 할 서비스니까요. 실제로도 단순히 수다를 떨기 위해 모이는 사람, 가상 현실에서 열리는 모임에 참가하는 사람, 자신의 가상 현실 생활을 정성으로 가꾸는 사람 등 이용자

'가상 현실의 세계'를 이용자에게 알렸다

세컨드 라이프

린든 랩이 2003년부터 운영을 개시한 가상 현실 플랫폼. 이용자가 선호하는 공간을 구축하고, 다른 이용자(아바타)와 교류할 수 있다. 자체 화폐인 '린든 달러'가 실제 미국 달러와 연동되어 당시에는 드물었던 '가상 현실에서의 경제생활'이 큰 주목을 모았다.

의 목적은 다양했습니다. 집을 지어서 인테리어에 공들이고 싶어 하는 사람도 많았고요. 머릿속 인테리어를 상상 그대로 구현할 솜씨가 모든 사람에게 있지는 않다 보니, 디자인이나 가구 제작에 능한 사람이 그 기술을 판매하는 시장도 등장합니다. 〈세컨드 라이프〉 안에서 화폐로 쓰이는 린든 달러가 현실의 미국 달러와 연동되어 실제 화폐로 환전할 수 있다는 점은 이용자에게 큰 충격을 주었습니다. 현실에서도 사용되는 돈을 가상 현실에서 벌어들이는 일이 이미 실현된 셈입니다. SNS처럼 서로 교류하는 정도가 아니라 '그 안으로 들어가고, 그곳에서 생활하고, 돈까지 벌어들이는' 설계는 메타버스를 20년 앞질렀다고 할 만합니다. 한때는 가상 현실 속에서 높이 평가되는 건물이나 물건 등을 비싸게 사고파는 움직임이 일어나 투기 대상으로까지 이어질 만큼 과열되기도 했습니다.

이용자가 각자 자유롭게 시간을 보낸다

12

〈세컨드 라이프〉가 가라앉은 이유

참신한 구상으로 이목을 끌었으나 당시의 낮은 기술 수준과
사회 상황이 이용자의 정착을 방해했습니다.

〈세컨드 라이프〉가 급속히 가라앉은 이유는 몇 가지가 있는데, 당시의 그래픽·통신 기술로는 가상 현실을 '실감 나게' 표현할 수 없었다는 점도 그중 하나입니다. 〈세컨드 라이프〉의 3D 모델은 각져 보이는 저폴리(Low Poly, 적은 개수의 폴리곤;polygon, 입체 도형을 구성하는 최소 단위의 다각형)로 제작하는 영상으로 표현법도 지금만큼 많지 않았습니다. 당시 시점에서 봐도 10년 전 게임처럼 보였어요. 성인이 '여기에 오래 머무르고 싶다, 시간을 할애할 만한 가치가 있다'라고 여길 만한 세밀함을 제공하지는 못했습니다. 그래도 기꺼운 마음으로 즐

등장이 너무 빨랐다

기는 이용자는 존재해서 온갖 종류의 서비스가 직업으로서 기능하기 시작했습니다. 일부 작품이 투기 대상이 되는 등 새로운 경제권으로서의 가능성을 보이기도 했습니다. 돈을 버는 행위에는 설령 가상 현실일지라도 규모의 경제(생산량이 늘어남에 따라 평균 비용이 줄어드는 현상)가 강력히 작용합니다. 그런데 〈세컨드 라이프〉의 이용자 수는 그것을 뒷받침할 정도의 규모는 아니었습니다. 광고 대리점 등에서 경쟁하듯이 광고를 내보냈지만 기대했던 수준의 광고 효과는 얻지 못했다고 하고요. 요컨대 〈세컨드 라이프〉는 가상 현실의 가능성을 드러내는 데는 성공했으나 기술적인 측면에서 세계관을 지탱하지는 못했습니다.

13 'NFT'가 메타버스에 필수라고 주장하는 세력도 있다

NFT는 디지털 작품의 유일성을 확인합니다.
디지털 자산 매매는 신중해야 합니다.

NFT란 '비대체성 토큰(Non-Fungible Token)'의 약어로 블록체인(Blockchain, 데이터를 블록화해서 체인 형태로 연결하고, 이를 복제하여 수많은 컴퓨터에 분산 저장하는 기술)상에 구축된 디지털 데이터의 일종입니다. 지금껏 디지털 데이터(녹음한 노래라든가 악기 연주, 디지털로 작성된 그림 등)는 품질의 저하 없이 대량으로 복제될 뿐 아니라 수정까지 가능해서 자산으로서의 가치가 낮게 평가됐습니다. NFT는 블록체인상에서 디지털 자산의 소유를 증명할 수 있다고 주장하는 기술입니다. 디지털 자산이 언제, 누구의 손을 거쳐 여기에 이르렀는지 그 내력

디지털 데이터는 복제가 용이

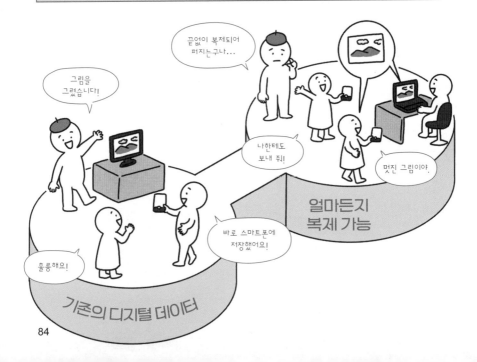

에 관한 정보를 기록하고 확인하는 시도를 하고 있지요. 그러나 현재로서는 특정한 조건 아래에서 해당 토큰의 유일성을 확인하는 데 그치는 수준입니다. 이러면 원본의 진품과 위조품이 있을 때, 누군가가 위조품 혹은 작가한테서 훔친 진품을 NFT 작품으로 만드는 일이 가능합니다. 더구나 유일성은 해당 블록체인상에서만 증명되기 때문에 어떤 작품을 블록체인 A와 블록체인 B에서 이중으로 NFT화할수도 있습니다. 작가의 신원 보증을 하지도 않으니까요. 디지털 자산의 매매는 메타버스에서도 이루어질 테고, 메타버스 내에서 돈을 벌 기회 또한 늘어날 것이므로 편리하고 안전한 결제 수단은 필요합니다. 다만 그것에 NFT나 블록체인이 정말로 적합한지는 신중히 확인해야 합니다.

NFT는 디지털 데이터에 유일성을 부여하려 한다

그림을 그렸습니다!

저한테 팔아 주세요!

갖고 싶어요!

사겠습니다!

NFT 예술

진품을 가진 사람은 나뿐이야.

괜찮은데.

진품은 하나뿐이라고 주장한다

NFT
디지털 데이터에 링크 식별자를 부여한 토큰을 가리키는 용어로 '비대체성 토큰'이라고 번역된다. 암호산업에서 쓰이는 블록체인에 기록한다.

디지털 데이터에 유일성이 있다고 주장하는 시스템이라 메타버스상에서 이루어지는 데이터 매매에 이용하고 싶어 하는 기업이 있습니다.

14

메타버스에서 생겨나는
새로운 직업은?

메타버스 공간에서 쾌적하게 생활하는 데 필요한 기술은
모두 직업이 될 가능성을 갖고 있습니다.

　　　자신과 닮은 외모를 지닌 아바타를 원할 때, 자신이 보유한
소프트웨어나 디자인 기술을 구사하여 만족스럽게 만들 수 있다면 더없이 좋겠지
요. 하지만 실제로 그렇게 할 수 있는 사람은 많지 않습니다. 개성적인 의상과 액
세서리를 원하는 사람이라면 돈을 내고라도 손에 넣고 싶을 거예요. 실제 신체라
든가 사회적 입장 같은 속성에서 해방되는 아바타를 통해 자존감과 자기 효능감
을 찾는 경향도 있고요. 어쨌거나 자신의 문제를 돈으로 해결하는 것은 현실 세계
와 마찬가지입니다. 그럼 무엇이 새로울까요? 모든 문제에 가상 세계를 조정하는

86

기술이 필요하다는 점입니다. 엔지니어, 연출가, 아티스트 같은 직업은 이미 가상 현실에 알맞은 형태로 진화하고 있습니다. 가상 현실에서 개최하는 콘서트를 성공시키기 위해 연출가를 구하는 수요가 생길 테니까요. 가상의 물체를 제작하고, 그것에 적절한 움직임을 줄 프로그래머도 없어서는 안 됩니다. 3D 애니메이션과 아이템 제작, 이벤트 공지와 접수, 참가자 관리에도 메타버스에 걸맞은 지식이 필요합니다. 이처럼 메타버스에서 생겨나는 모든 곤란한 일이 직업의 씨앗이 되는 현상은 현실 세계와 전혀 다르지 않습니다.

15

교육에 응용되는 메타버스

교육은 엔터테인먼트 못지않게 활용이
기대되는 분야입니다.

코로나바이러스 사태로 '온라인 수업'이 보급되면서 학교에 가지 않고도 수업을 받을 수 있게 되었습니다. 이는 크나큰 진보이지만 메타버스를 교육에 이용해서 얻게 될 이점과는 비교조차 되지 않습니다. VR이나 메타버스에서는 지식뿐만 아니라 '체험'을 학생 개인에게 전달합니다. 귀중한 사료(史料)를 코앞에서 차분히 관찰하고, 희귀한 자연 현상을 체험하고, 안전하게 실험을 진행하는 등 기존의 수업에서는 제공하기 어려웠던 '개인별로 체험하는 기회'를 얼마든지 마련할 수 있지요. VR 고글이나 장갑형 기기를 사용하면 감각은 실제에 더

실제보다 편리한 메타버스에서의 수업

가깝습니다. 실제로는 위험한 기구와 약품을 사용하는 실험도 가능합니다. VR을 활용한 〈랩스터(Labster)〉라는 플랫폼이 유명한 성공 사례입니다. 전 세계의 대학과 고등학교에서 약 300만 명이 이용하고 있어요. 〈랩스터〉는 물리학, 화학, 생물학 등 여러 분야의 교재를 제공합니다. 학생은 VR 공간 안에서 쌍방향적인 교재로 학습하고, 과학 실험과 식물 재배도 체험할 수 있습니다. 가상 체험이므로 도중에 실패하더라도 몇 번이고 초기화해서 다시 하면 그만입니다. 〈랩스터〉는 인터넷 환경이 있으면 세계 어디에서나 똑같은 교재가 사용되기 때문에 교육 격차를 해소하는 효과도 기대됩니다. 가상 세계의 이점을 활용한 교재로는 손에 쥐어지는 크기로 확대한 분자 모형 등도 꼽을 수 있습니다. 현실의 축을 뛰어넘은 놀라운 체험이 학습 효과를 높이고, 더 풍부한 학습을 지원합니다.

16

현실에서는 불가능한 규모로 열리는 〈버추얼 마켓〉

···

〈버추얼 마켓〉은 가상 현실의 자유로움과
현실의 우연성을 겸비한 만남의 장입니다.

가상 현실에서 아이템을 전시하고 판매하는 이벤트인 〈버추얼 마켓(Virtual Market)〉은 한 회에 100만 명을 동원할 정도로 큰 규모를 자랑합니다. 참가하려면 상품을 구매하는 일반객으로 입장하거나 오리지널 3D 데이터를 판매하는 출품자로 입점하면 되고요. 취급하는 상품이 3D 데이터라는 점, 장소가 가상 현실이고 아바타로 참가한다는 점 외에는 벼룩시장이나 다름없습니다. 물리적인 제약에서 벗어난 공간이므로 인원 제한과 이동 비용은 무시할 수 있지요. 〈버추얼 마켓〉에서는 아바타용 의상이나 아바타로 사용 가능한 캐릭터의 3D 데

가상 아이템이 모여드는 시장

한 회에
100만 명 이상의
입장객 수를 기록한
대형 이벤트입니다.

다양한 아이템과
출품작이 있답니다.

버추얼 마켓

가상 아이템이 다수 전시되는 최대 규모의 가상 현실 마켓. 방문객은 출품된 아이템을 자유롭게 감상하고 구매할 수 있다.

이터 등을 직접 봅니다. 제작자와 대화를 주고받으며 상품을 고르고, 착용해 보고, 마음에 들면 구매하는 흐름은 오프라인 쇼핑과 똑같습니다. 창작자와 이용자의 만남을 목적으로 시작된 이벤트지만 회를 거듭할수록 규모가 커져서 오프라인 이벤트와는 규모 차이가 벌어지고 있지만요. 〈버추얼 마켓〉은 전 세계에서 접속할 수 있는 디지털 공간입니다. 처음에는 일본어만 지원했으나 이제는 해외 이용자의 증가에 대응하여 영어도 지원합니다. 이런 새로운 것에 민감한 자세가 기업의 강점으로 작용한다는 여론 덕분에 참가 기업의 수도 점차 늘어나는 추세입니다.

시장 규모는 무제한

17

화상 회의에 압승하는 메타버스 회의

·····················

회의실이라는 같은 '장소'에 있다는 감각의 공유가
화상 회의로는 메울 수 없는 거리감을 해소합니다.

과거에는 대면 회의가 일반적이었으나 현재는 '줌' 등을 이용한 화상 회의도 하나의 선택지가 되었습니다. 화상 회의가 편리하게 사용되는 환경일지라도 사무실과 회의실을 가상 세계로 가져오는 방식은 효과적입니다. 가상 회의실에서는 화상 회의보다 자연스러운 의사소통이 가능하기 때문입니다. 이를테면 〈VR챗(VRChat)〉의 가상 공간에 회의실을 만들어서 이용하면 서로의 위치가 파악될뿐더러 사소한 반응(미소 짓기, 고개 끄덕이기, 머리 갸웃하기 등)을 공유할 수 있습니다. 말투나 시선 같은 비언어적 의사소통이 촉진되면 회의의 의도를 전달

화상 회의에서 느껴지는 어색함을 제거

화상 회의의 단점

하기 쉬워지고, 회의의 질이 화상 회의보다 높아진다는 조사 결과도 있습니다. 화상 회의에서는 전원이 카메라를 정면으로 응시하는 부자연스러운 상태가 장시간 이어지는데, 메타버스의 비즈니스적 활용이 진전되면 더욱 자연스러운 회의가 이루어질 것입니다.

메타버스 회의

18

메타버스 굴지의
킬러 콘텐츠는 '잡담'

게임을 하지 않는 사람도, 업무에 메타버스를 이용하지 않는 사람도
누구나 좋아하는 콘텐츠. 그것이 바로 잡담입니다.

인터넷의 여명기부터 게시판을 통한 '잡담'은 많은 이용자에게 인기 있는 콘텐츠입니다. 메타버스 세계가 완성되기를 기다릴 것도 없이 잡담을 즐겨 왔어요. 예컨대 MMORPG(Massively Multiplayer Online Role-Playing Game, 수십 명 이상의 이용자가 인터넷을 통해 동시에 같은 가상 공간에서 즐기는 역할 수행 게임)에서는 이용자들이 게임 공간에 모여 자연스레 말을 섞습니다. 그것이 몬스터를 사냥하는 게임이건 정원을 조성하는 게임이건 옹기종기 모여서 잡담을 나누지요. 매력적인 게임과 서비스를 눈앞에 두어도 사람이 모이는 곳에는 으레 잡담

'대화'가 주목적인 이용자도 있다

이 피어난다면 메타버스에서도 잡담은 강력한 킬러 콘텐츠(Killer Contents, 미디어 시장의 판도를 재편할 만큼 큰 영향력을 지닌 핵심 콘텐츠)가 될 법합니다. 메타버스에 서는 아바타를 통해 몸짓과 시선으로도 감정을 주고받을 수 있으니 기존의 인터 넷 서비스 이상으로 잡담하기 편한 환경이 될 가능성도 큽니다. 〈포트나이트〉처럼 전투를 중심으로 시작된 게임에도 이미 대화가 주목적인 이용자가 다수 존재하 니까요. 앞으로 메타버스의 몰입감이 더더욱 진화하면 문자 대화나 화상 대화보 다 쾌적한 잡담 환경이 마련되어 많은 이용자가 잡담을 목적으로 메타버스에 모 이게 될지도 모릅니다.

19

메타버스는 코로나 팬데믹과 환경 문제의 구세주

메타버스는 사회 문제를 해결하고
사회의 요청에 부합하기도 합니다.

코로나바이러스 사태로 타인과 접촉하지 않아야 할 필요가
생기면서 메타버스 보급이 유용한 감염증 대책으로 떠올랐습니다. 코로나 사태가
수습되는 중이라고는 하나 뒤이어 나타날 다른 감염증에 대비하기 위해서도 메타
버스의 보급과 정비는 중요한 해결책입니다. 또한 광대한 세계 속에서 자신에게
맞는 커뮤니티를 발견할 수 있는 메타버스는 고립을 방지하는 데도 효과적입니
다. 현실 세계에서 '자신의 자리'를 찾지 못해 고민하는 사람들이 메타버스에서 이
상적인 커뮤니티를 발견하고, 그곳에서 대부분의 생활을 보내게 된다면 현실 세

메타버스가 사회 과제의 해결책

계에 적응하지 못한 채 고독을 느끼는 사람이 줄어들 테니까요. 나아가서는 메타버스가 환경 파괴를 방지할 것이라는 견해도 있습니다. 메타버스 여행이 실제 여행에서 이동할 때 발생하는 배기가스를 줄이고, 실물이 아닌 가상의 아이템을 소비하는 활동이 자원 손실을 줄이는 방향으로 이어지는 까닭입니다. 이렇듯 메타버스의 보급에는 사회의 요청에 부합하는 측면도 있습니다.

20

새 시대의 억만장자는 '메타버스 투자자'

현실에서든 가상 현실에서든 다른 사람에게 없는 희소한 것에는
수요가 따르고, 가격이 오를 가능성이 있습니다.

일찍이 〈세컨드 라이프〉에서도 가상 현실의 경제 활동은 성
황을 이뤘습니다. 이제는 NFT의 광풍으로 메타버스 세계에 설치하는 구조물에
높은 가격이 책정되거나 디지털 예술 작품이 값비싸게 되팔리는 일이 주목받고
있어요. 게임 세계에서도 강한 캐릭터를 대여해서 수수료를 얻는 사업이라든가
가상 현실에 있는 '가상의 토지'를 사고파는 움직임이 활발해졌습니다. 게임 캐릭
터 대여는 초반의 시간 투자를 건너뛰고 빠르게 전투 성과를 올리고자 하는 사람
이 고객이 됩니다. 미국발 NFT 게임인 〈더 샌드박스(The Sandbox)〉에서는 가상의

NFT가 가져올 것으로 기대되는 시장

토지가 인기를 얻고 있는데, 랜드(LAND)라는 게임 속 토지가 매물로 나올 때마다 몇 초 만에 매진될 정도입니다. 현재는 일단 사 놓고서 값이 오르기를 기다리는 투기적인 구매가 많은 모양이에요. 장차 많은 사람이 갖고 싶어 할 듯한 대상을 재빠르게 발견하고, 그 권리를 손에 넣는다면 현실에서처럼 가상 현실에서도 억만장자를 배출하게 될 것입니다.

메타버스에서 가열되는 '부동산 투자'

21

'콘텐츠 제작자'가 되면
비즈니스 기회가 넘쳐난다

플랫폼 제공자가 되기는 어렵지만
콘텐츠 제공자가 될 기회는 누구에게나 있습니다.

　　　　　메타버스 서비스를 제공하는 측이 차지하는 비즈니스는 일
반 이용자로서는 손대지 못할 규모입니다. 방대한 자원을 쏟아부어 세계관을 구
축하고, 현실성과 접근성 모두를 추구하는 일은 부담이 어마어마하니까요. 이런
플랫폼을 구축하는 일에는 GAFAM 같은 빅 테크(Big Tech, 세계적인 영향력을 가진
거대 IT 기업군을 통칭하는 말. 일반적으로는 구글, 애플, 페이스북(현 메타), 아마존, 마이
크로소프트를 가리킴)가 유리합니다. 그렇다고 다른 사업자와 개인에게 비즈니스
기회가 없다는 뜻은 아닙니다. 빅 테크가 구축한 플랫폼에는 수많은 이용자가 모

사람이 모이는 곳에 비즈니스 기회가 있다

입니다. 그 플랫폼에 모인 이용자에게 콘텐츠나 서비스를 제공하는 위치에 서면 누구나 기회를 잡을 수 있습니다. 보편화된 기존 서비스를 예로 들면, 동영상 플랫폼인 '유튜브'로 여러 이용자와 광고주 등이 모여들어서 동영상 게시자가 사업에 성공하는 구도와 똑같습니다. 거대 기업이 만든, 이용자가 구름같이 모여드는 메타버스 세계에서 어떤 가치를 제공할 수 있을지 상상해 보세요. 그것이 메타버스 시대에 성공하는 비즈니스의 핵심 가치입니다.

·············· 메타버스의 미래 ② ··············

세컨드 라이프,
창업자 복귀로 재기를 도모하다

챕터2에서 '시대를 너무 앞서간 서비스'로 소개한 <세컨드 라이프>의 운영사인 린든 랩은 2022년 1월, 창업자 필립 로즈데일(Philip Rosedale)이 전략 고문으로 복귀한다는 사실을 발표했습니다.

린든 랩은 필립 로즈데일의 복귀를 승인하고, <세컨드 라이프> 사업을 확대하겠다는 것입니다. 기술의 진보와 SNS의 등장, 코로나 사태 등 사회가 메타버스를 받아들이기 쉬워진 지금, <세컨드 라이프>의 재기에 관심이 쏠리고 있습니다.

또한 필립 로즈데일은 빅 테크에 의해 광고 위주로 구축되는 메타버스 세계란 반드시 멋진 것만은 아니라면서 "메타버스를 디스토피아로 만들어서는 안 된다"라고 말했습니다. 메타버스 세계를 한발 앞서 세상에 제시한 <세컨드 라이프>가 생각하는 '디지털 유토피아'란 어떤 모습일까요? '또 하나의 세계'가 지닌 가능성을 드러내어 많은 이용자를 모았던 <세컨드 라이프>는 전성기가 지난 뒤에도 착실한 업데이트를 거듭해 왔습니다. 2014년에는 페이스북(현 메타)의 '오큘러스 시리즈'에도 대응했지요. 근래에는 월간 이용자 수가 증가하여 100만 명에 육박할 기세인지라 과거의 열풍을 아는 사람도, 모르는 사람도 <세컨드 라이프>의 향후 행방에서 눈을 뗄 수가 없습니다.

<세컨드 라이프>의 세계관을 '시대가 쫓아갔다'라고 할 수 있지요.

다시 많은 이용자가 모일지도 모르겠네요!

메타버스가 기존의 서비스와 다른 점은

그 세계 속에서 '살아가는' 것마저

가능해진다는 데 있습니다.

가장 현실에서는

놀이는 물론이고 일을 한다거나

연애를 즐길 수도 있습니다.

가상 현실에서 살아가는 미래를 살펴봅시다.

가상 현실에서 살아가는 미래

01

'현실로 돌아갈' 필요성이 줄어든다

대부분의 생활을 메타버스로
옮기는 일이 가능해져요.

메타버스가 이대로 확산된다면 어떤 미래가 펼쳐질지 예상할 수 있나요? 이것은 메타버스 자체의 매력과도 깊이 연관된 문제입니다. 지금까지 누차 언급한 '현실과 가상의 융합'이라든가 '가상 세계에 사는 삶'이 실현된 세계를 예상해야 하거든요. 이를테면 한 학생이 하굣길에 "이따 보자"라고 말했을 때, 어디서 만나자는 뜻일까요? 일반적으로는 카페나 식당 같은 실제 장소를 떠올릴 것입니다. 하지만 예전부터 디지털에 익숙한 세대는 '전자 게시판이나 온라인 게임에서 만나는' 일을 자연스럽게 여깁니다. 젊은 디지털 원주민(Digital Native)

현실과 가상 현실을 왕복하는 일이 줄어든다

세대라면 SNS나 메신저 앱의 영상 통화 기능을 사용해서 '만나는' 경우도 있겠지요. 전자 게시판, SNS, 게임도 일종의 가상 세계입니다. 그보다 한층 밀도가 높고, 광범위한 것이 메타버스고요. 앞으로는 '방과 후에 가상 현실에서 만나기로 약속'하는 일이 누구에게나 당연해질지도 모릅니다. 현실 세계에는 신체적·금전적 여건을 비롯한 각종 제약이 존재합니다. 가상 세계가 일반화되면 그런 제약에서 벗어나 더 만족스러운 삶을 살아갈 수 있지 않을까요? 현실의 생활이 존재하는 한 일정 시간 이상을 메타버스에서 보내는 데 한계가 있는 지금과 달리 미래에는 직업과 학업까지 메타버스로 옮기고, 식사 시간과 배설 시간 외에는 줄곧 메타버스에서 생활하는 선택지가 생길지도 모를 일입니다.

02

마음이 편안한 커뮤니티를 자유롭게 골라서 살아갈 수 있다

광활한 메타버스 세계에서는
자신에게 딱 맞는 커뮤니티를 고를 수 있습니다.

〈페이스북〉과 〈트위터〉 같은 SNS는 현대 사회에서 인간관계의 중심을 차지하고 있습니다. 공개적으로 이용하면 불특정 다수와 접점을 갖기 쉬워서 비교적 간단하게 관계를 구축하고 유지할 수 있으며, 온갖 정보가 신속하고 광범위하게 전파됩니다. 그러나 불특정 다수가 참여하는 환경인 만큼 사소한 일로 악플(악성 댓글)이 쇄도하거나 개인적인 공격에 노출될 위험도 있습니다. 현실 세계에서는 직접 만날 수 있는 사람의 수가 한정적입니다. 악플 세례가 뒤따를 위험은 적지만 가치관이나 취미가 같거나 마음이 맞는 사람을 만날 확률이 낮을

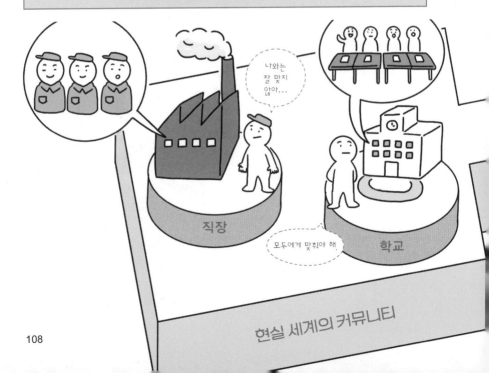

더욱 쾌적해진 '메타버스 커뮤니티'

나와는 잘 맞지 않아...

모두에게 맞춰야 해

직장

학교

현실 세계의 커뮤니티

뿐더러 관계 구축과 유지에도 힘이 듭니다. 그렇다면 폐쇄형 SNS를 바탕으로 발전하는 메타버스에서는 어떨까요? 이제까지와는 다른 형태의 인간관계가 가능하지 않을까요? 메타버스에는 공간적인 범위가 존재하므로 폐쇄적인 환경을 눈에 보이게끔 설계하는 일도 가능할지 모릅니다. 그럼 SNS의 필터 버블처럼 자신에게 편한 사람들만 모이는 쾌적한 커뮤니티가 생겨나겠지요. 그곳에서는 현실 세계에 가까운 현장감과 존재감을 느끼면서도 아바타를 거쳐 형성되는 일정한 거리감과 심리적 안정성을 얻을 수 있습니다. 전 세계와 연결되어 공통의 가치관을 가진 친구를 발견하고, 불편한 부분을 신중히 배제해서 마음이 편한 커뮤니티를 자유롭게 골라 살아갈 가능성이 메타버스에는 실재합니다.

03

업무부터 놀이까지
메타버스에서 완결한다

메타버스가 발전하면 온갖 활동이 가상 현실에 포괄된,
상상을 뛰어넘는 일상이 찾아옵니다.

메타버스는 자신에게 편리한 세계를 실현하는 장치입니다. SNS와 비슷한 면이 있지요. 현시점의 SNS는 생활의 일부에 불과합니다. 현실의 직업이나 학업이 많은 사람을 붙들고 있는지라 아무래도 현실로 돌아갈 수밖에 없으니까요. 하지만 메타버스가 이대로 성장을 지속한다면 업무와 공부는 물론 다른 즐거움까지 가상 현실에서 완결하게 될 수도 있습니다. 그러면 모든 일을 가상 현실에서 처리하는 이용자도 늘어나겠지요. 이미 현실이 아닌 온라인 게임 속에서 '모이는' 경우가 일반화되었는데, 그것이 확대되는 셈입니다. 메타버스는 처

메타버스에서 할 수 없는 일이 사라진다

음에는 게임이나 음성 채팅처럼 교류를 나누는 형태로 시작되겠지만 최종적으로는 생활 전반을 포괄하는 형태로 나아갑니다. 이용자가 메타버스에 상주하게 되면 서비스를 제공하는 기업의 비즈니스 기회가 늘고, 이용자는 그만큼 개인에게 최적화된 메타버스 세계에서 현실보다 쾌적한 시간을 보낼 수 있게 됩니다. 지금은 현실 세계에서만 가능한 일도 메타버스 이용자가 증가하여 연구 개발이 촉진되면 실현되지 않을까요? 상상을 초월하는 새로운 기술과 서비스가 탄생해서 점점 더 길게 메타버스에 머무르게 되는 날이 올지도 모르겠습니다.

04

목적 없이 '머무르기만' 해도 되는 메타버스 세계

메타버스는 특별한 목적을 갖지 않고,
그냥 그곳에 '머무르기만' 해도 되는 세계입니다.

메타버스를 'MMORPG'의 연장선상에서 설명하고 이해하는 방식을 채택하는 경우도 있습니다. MMORPG란 MMO(Massively Multiplayer Online, 많은 사람이 동시에 접속) 형태로 즐기는 RPG(Role-Playing Game, 역할 수행 게임)입니다. 자신의 분신 격인 캐릭터(아바타)의 존재를 비롯하여 메타버스와 유사한 점이 많아요. MMORPG 외에도 많은 인원이 동시에 접속하는 온라인 게임의 상당수는 게임으로서뿐만 아니라 이용자 간의 커뮤니티로서의 기능도 있습니다. 게임에 접속해도 게임은 전혀 플레이하지 않고, 다른 이용자와 몇 시간씩 채

'그저 머무르는' 사람이 점점 늘어난다

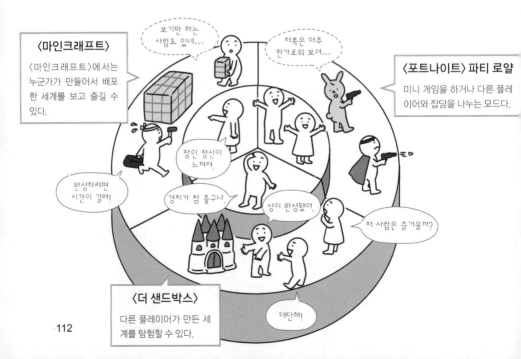

〈마인크래프트〉
〈마인크래프트〉에서는 누군가가 만들어서 배포한 세계를 보고 즐길 수 있다.

〈포트나이트〉 파티 로얄
미니 게임을 하거나 다른 플레이어와 잡담을 나누는 모드다.

〈더 샌드박스〉
다른 플레이어가 만든 세계를 탐험할 수 있다.

보기만 하는 사람도 있네...

저쪽은 아주 한가로워 보여...

장인 정신이 느껴져.

완성하려면 시간이 걸려!

경치가 참 좋구나.

성이 완성됐어.

저 사람은 즐거울까?

대단해!

팅으로 수다를 떠는 게 일과인 이용자가 적지 않거든요. 어쩌면 아무런 목적 없이, 그 세계에 존재하기만 해도 상관없는 MMORPG에 게임 이상의 활동을 추가한 것이 곧 메타버스라고 생각할 수 있지 않을까요? 그리고 그렇게 생각한다면 메타버스에서 새롭게 주목받는 요소란 과연 무엇일까요? 메타(구 페이스북)의 CEO인 마크 저커버그(Mark Zuckerberg)는 그것을 '신체화된 인터넷'이라고 표현했습니다. 예를 들면 메타버스는 하나의 기업이 아닌 각각의 기업에서 구축한 서비스가 상호 접속하는데, 그 사이를 신체 감각을 가진 상태로 자유롭게 오갈 수 있는 기능이 중요합니다. 이것이 실현됐을 때, 기존 게임의 틀을 넘어선 메타버스만의 신세계가 탄생할 터입니다.

메타버스라는 장소

목적이 없는 사람

메타버스에는 시간과 자금을 아낌없이 쏟아부으며 게임에 열중하는 사람이나 가벼운 마음으로 게임을 즐기는 사람 외에 '별다른 목적 없이 장소로 이용하는 사람'도 존재한다.

05

게임 세계에 거주하는 감각을 맛보는
〈모여봐요 동물의 숲〉

....

'가상 현실에 거주하는' 감각을
알게 해 주는 게임입니다.

닌텐도 스위치의 게임 타이틀인 〈모여봐요 동물의 숲(모동숲)〉은 2020년 3월에 발매되자마자 큰 인기를 끌었습니다. 2021년 말 시점에 일본에서만 1,000만 개 이상이 팔렸고, 세계적으로는 4,000만 개에 육박하는 매출을 기록했어요. 〈모동숲〉의 플레이어는 무인도에 '이주'하여 섬 생활을 즐깁니다. 일반적인 게임에는 작품 세계의 이야기에 따라 이용자에게 부여한 목적(풀어야 할 수수께끼나 넘어야 할 장벽)이 존재하는데, 〈모동숲〉에는 그것이 없습니다. "아무것도 없으니까 무엇이든 할 수 있어"라는 캐치프레이즈 그대로 이용자에게는 어떤 목적

〈모동숲〉 붐이 화제가 되었다

하고 싶은데 하드웨어를 구할 수가 없네...

〈모여봐요 동물의 숲〉

2020년 닌텐도에서 발매한 게임 소프트웨어. "아무것도 없으니까 무엇이든 할 수 있어"라는 캐치프레이즈 그대로 무인도를 무대 삼아 맨땅에서 생활을 시작하는 커뮤니케이션 게임이다.

코로나 사태로 집에 있는 시간이 길어졌다는 점을 고려해도 경이로운 흥행 성적을 거뒀습니다.

도 주어지지 않아요. 이용자가 내키는 대로 건축, 재봉, 채집, 정원 조성, 상품 판매 등을 하면서 세계와 관계를 맺습니다. 하염없이 자연경관을 바라보며 지내도 무방하지요. 요컨대 〈모동숲〉은 단순한 게임이라기보다는 이용자가 바라는 생활을 실현하는 또 하나의 세계, 즉 가상 현실로서의 색채가 짙은 콘텐츠라고 할 수 있습니다. 〈모동숲〉에서의 생활은 결코 사실적이지 않습니다. 낚시 하나를 해도 실제 낚시터에서 겪는 수고로움은 일절 맛보지 않고, 오로지 즐거움만 맛보니까요. 또한 〈모동숲〉에서는 한 사람이 하나의 섬을 소유합니다. 다른 사람의 섬을 방문할 수도 있어서 방문 시 다툼이나 충돌, 텃세 등이 발생하지 않도록 세심하게 설계되었고요. SNS의 필터 버블처럼 이용자가 다른 사람에게 시달리지 않는, 마음 편한 가상 현실이 〈모동숲〉에서 구축한 메타버스입니다.

〈모동숲〉은 과연 게임인가?

06

이미 실현된
메타버스 속 일자리

비즈니스는 사람이 모이는 곳에 생긴다고들 하는데,
메타버스에서도 새로운 일이 탄생하고 있습니다.

앞장에서 〈모동숲〉이 일종의 메타버스라고 언급했는데, 〈모동숲〉에는 또 다른 특징도 있습니다. 〈모동숲〉의 세계에 새로운 비즈니스가 탄생했다는 점입니다. 종래의 MMORPG 등에서도 상품 매매로 게임 머니를 벌거나 게임 속 재화를 현금으로 사고파는 RMT(Real Money Trading, 많은 게임에서 계약 위반)를 하는 사람은 있었으나 그 일은 어디까지나 게임의 거래 시스템에 준거한 것이었습니다. 이와 달리 영국의 인테리어 브랜드 '올리비아스(Olivia's)'는 〈모동숲〉 속 주택의 인테리어 컨설팅 서비스를 개시했습니다. 〈모동숲〉에서는 자택의 외관과

〈모동숲〉 속 주택 컨설턴트

〈모동숲〉
주택 컨설턴트 모집!

• 〈모동숲〉에서 컨설팅
• 시급 최대 40파운드
• 인테리어 디자인 경력자 우대

진짜?

흥미롭군!

게임 속 컨설턴트라고?

현실 세계의 인테리어 디자인 회사
현실 세계에서 인테리어 디자인을 하는 영국의 회사가 〈모동숲〉 전문 컨설턴트를 모집한다.

인테리어를 꽤 자유롭게 변경할 수 있거든요. 유달리 완성도가 높은 집은 SNS에서 큰 주목을 모으기도 합니다. 그러나 집을 원하는 형태로 꾸미려면 방대한 시간과 감각이 필요하고, 애당초 인테리어를 어떻게 해야 돋보이는지 모르는 사람도 적잖습니다. 그럴 때 올리비아스에 의뢰하면 실제 주택 컨설팅과 마찬가지로 상담을 진행하여 디자인을 제안해 줍니다. 모든 과정은 현실 세계가 아닌 〈모동숲〉 속에서 이루어지고요. 이처럼 새로운 비즈니스와 직업이 다양한 메타버스 세계에 생겨나고 있습니다. 메타버스에서 벌어들인 수입으로 생활하는 사람이 나타나는 날도 머지않은 듯합니다.

07

잠들기 직전까지
가상 현실에 머무르는 'VR 수면'

·····································

'VR 수면'은 현실에서는
절대 실현할 수 없는 수면 체험을 제공합니다.

   메타버스 세계에서는 'VR 수면'이라는 문화도 시작되었습니다. 게임을 플레이하는 도중에 깜빡 잠드는 것이 아니라 VR 고글을 착용한 채 가상 현실에 누워 잠드는 행위입니다. 마음이 맞는 커뮤니티의 멤버와 잠드는 순간까지 시간을 공유하는 체험은 마치 수학여행 날 밤처럼 매력적이라고 평판이 났습니다. VR 수면이 실제 수면과 다른 점은 가상 현실이기에 장소에 구애받지 않고 잠들 수 있다는 것입니다. 남극의 얼음 위라든가 절벽 끝, 우주 공간, 동물의 등에 드러누워 잠들 때까지 시간을 보내는 일은 확실히 가상 현실이 아니고서는 즐

길 수 없는 체험이니까요. 이런 체험이 보급되려면 VR 고글과 같은 장치가 더 작고, 가볍고, 소음이 적은 방향으로 진화해야 합니다. 근래에는 'VR 수면 라이브'라는 이벤트도 화제가 되었습니다. VR에 그리 익숙하지 않은 이용자에게 VR 수면의 이미지를 전달할 목적으로 인기 있는 아바타가 가상 현실에서 잠자는 모습을 송출했다지요. 라이브는 8시간도 넘게 진행되었는데, 100명 이상의 시청자가 아침을 맞이할 때까지 이를 지켜보았고, 시청자 수 합계는 3,000명에 달했다고 합니다.

현실에서는 불가능한 수면 체험

남극

절벽 끝

달 표면

동물의 등

08

시간 여행도 가능한
'메타버스 여행'

메타버스를 이용하면 방 안에서도 시간과 공간을 뛰어넘어
다양한 여행을 즐길 수 있습니다.

메타버스에서는 이곳저곳으로 떠나는 여행도 자유롭습니다. 방에 가만히 앉아서도 친구들과 함께 아름다운 장소를 돌아다니며 이야기할 수 있지요. 실제 여행에서처럼 직접 찍은 사진을 공유하거나 동행하지 않은 사람에게 보내는 일도 가능합니다. 경치가 빼어난 명소라든가 역사적인 건축물 등 유명한 관광지를 재현한 메타버스 서비스도 등장했습니다. 자신(의 분신)이 그곳에 존재하기에 사진이나 영상으로 감상하는 것과는 사뭇 다른 체험을 할 수 있답니다. 건축물 앞에 서서 혹은 전망대에 올라가서 좋은 경치를 배경으로 기념사진을 찍

공간뿐만 아니라 시대의 장벽도 뛰어넘는다

는 등 현실 못지않은 체험이 가상 현실 속에서 펼쳐집니다. 실제 여행이 아닌 VR 여행에만 존재하는 장점도 있습니다. 이제는 현실에 없는 풍경을 즐길 수 있다는 점입니다. 예를 들면 2019년에 불타 무너진 노트르담 대성당은 파리시의 공인하에 〈VR챗〉에서 재현되었고, 일본의 아즈치성도 기간 한정으로 재현된 적이 있습니다. 요컨대 '다이쇼 시대의 도쿄'라든가 '2000년대의 간토평야'로 떠나는 시간 여행도 가상 현실에서는 가능합니다. 같은 공간에 있는 사람들과 다른 시대의 장소를 누비는 비현실적인 체험을 메타버스가 실현한 것입니다.

09

현실 세계의 격차와 메타버스 세계의 격차

'편리한 세계'인 메타버스에도 현실 세계와 마찬가지로
격차가 생기는 경우가 있습니다.

       현실 세계의 '격차'는 오늘날 전 세계가 고민하는 문제입니다. 일례로 부자 스포츠의 대표 격인 자동차 경주를 살펴보겠습니다. 현재 상위권에 위치한 선수들은 대부분 유소년기부터 카트 레이싱(Kart Racing, 어린이도 운전할 수 있는 소형 자동차를 이용해 경주하는 스포츠)에서 경력을 쌓았습니다. 값비싼 경주용 자동차와 장비를 장만할 수 있고, 운송과 보관에 드는 비용을 감당할 수 있는 가정의 어린이만이 순조롭게 경력을 쌓아 선수로 성장한다는 뜻입니다. 그런데 최근에는 e스포츠의 자동차 경주 부문에서 우수한 성적을 거둔 플레이어가 실

메타버스는 격차가 없는 세계일까?

제 경주에도 출전하기 시작했습니다. 가난한 가정의 아이여도, 사는 곳 근처에 경주로가 없어도 선수가 될 가능성이 생겼다고 할까요? 이것은 현실의 격차가 가상 공간에서 제거되는 사례입니다. 이뿐만이 아닙니다. 타고난 외모는 아무래도 바꾸기 어려운 요소인지라 격차가 존재합니다. 하지만 메타버스에서라면 누구나 이상적인 외모를 가질 수 있어요. 현실에서 보상받을 수 없거나 아무리 노력해도 정당한 이득이 돌아오지 않는 요소가 제거될지도 모릅니다. 물론 메타버스 세계라고 격차가 아예 없지는 않습니다. 메타버스에서도 그 세계에 적합한 능력을 보유한 자가 이득을 보기 마련이거든요. 실제로 현재 메타버스상에서 판매되는 아바타의 가격조차 피부색이나 성별에 따라 차이가 납니다. 메타버스에서 생기는 격차를 어떻게 바라보느냐는 앞으로의 과제 중 하나입니다.

10

가상 현실에서는 기피되는
'충실한 현실 재현'

사실성을 추구한 나머지
이용자에게 혹평을 받은 사례도 있습니다.

말이 가상 현실이지, 이용자가 메타버스에 요구하는 것은 실제와 다른 '또 하나의 세계'입니다. 일찍이 〈파이널 판타지(Final Fantasy)〉 시리즈에서 드러났다시피 이용자는 결코 사실 그대로를 원하지 않습니다. 2016년에 발매된 〈파이널 판타지 15(FF15)〉는 해당 시리즈 중에서도 이용자에게 가장 가혹한 평가를 받은 작품입니다. 혹평의 한 원인은 〈FF15〉가 '지나치게 사실적'이라는 점이었습니다. 〈FF15〉는 오픈 월드(Open World, 자유도가 높아 플레이에 제약이 거의 없는 게임. 정해진 이동 경로가 없어서 플레이어가 가상 세계를 자유롭게 돌아다닐 수 있음)형

사실성 추구가 두드러진 〈FF15〉

〈파이널 판타지 15〉
스퀘어 에닉스(Square Enix)의 인기 RPG 시리즈 〈파이널 판타지〉의 15번째 작품이다.

진짜 길거리 같아!

선명한 영상에 빨려 들어갈 듯!

사실성이 높다고 해서 기대했지만...

게임인 만큼 게임 속 세계를 자유롭게 돌아다닐 수 있도록 제작되었는데, 다른 도시로 이동하려면 그만한 시간이 걸릴뿐더러 이동할 때는 별다른 이벤트도 발생하지 않습니다. 게다가 밤에는 꼭 쉬어야 합니다. 걸음을 서두르고 싶어서 야간 이동을 감행하면 그에 상응하는 위험이 따릅니다. 어떤가요? 현실 세계에서는 이런 제약과 어려움도 여행의 묘미가 됩니다. 그렇지만 그것이 게임에 고스란히 반영되기를 바라는 이용자는 없었습니다. 2020년에 발매된 〈파이널 판타지 7 리메이크〉는 AI를 구사하여 캐릭터의 움직임과 반응을 사실적으로 구현했습니다. 다른 도시로 이동할 때는 처음에만 시간과 수고를 들이면 2번째부터는 편해집니다. 사실적이어야 할 부분과 편리함·쾌적함을 우선해야 할 부분의 균형을 잘 잡았지요. 메타버스라는 '또 하나의 세계'에 요구되는 바는 '충실한 현실 재현'이 아니라 이용자 한 사람 한 사람에게 '쾌적한 현실'입니다.

11

편안한 연애 관계를 맺을 수 있는 '가상 현실의 연인'

메타버스에서는 가치관이 맞는 상대와
갈등이 적은 연애를 하기가 쉽습니다.

연애란 서로의 가치관이 충돌하는 관계입니다. 가치관이 다양화되고 세분된 오늘날, 현실 세계에서는 연인끼리도 마찰을 피할 수 없습니다. 현실의 연애 관계를 편안하게 느끼지 못하는 사람이 늘고, '연애=위험이 큰 관계'로 여기는 경향이 해마다 강해져서 이제는 연애의 매력 자체가 떨어지는 추세입니다. 이 문제를 해결하는 현대적인 방법으로 소개팅 서비스가 있습니다. 현실에서건 메타버스에서건 자신의 주변 인물만 살펴서는 세분된 연애 가치관을 만족시키기 어려우니까요. SNS에서 취미가 같은 친구를 찾듯이 큰 모집단 속에서 연인

연애 기피와 메타버스

을 찾으면 그냥 만난 경우보다는 서로 덜 부딪치게 됩니다. 나아가 메타버스에서만 가능한 해결책으로 연인을 가상 현실화하는 방법이 있습니다. 연인과의 사이에 아바타라는 완충재를 끼워 넣어서 부드러운 소통을 확립하는 것이지요. "아바타는 실제로 만질 수 없잖아"라고 말하는 사람도 있겠지만 스킨십이나 성적인 접촉을 연애의 필수 요소로 여기지 않는 사람은 이미 많아졌습니다. 그리고 상대가 AI 아바타라면 한층 편안한 연애 관계를 구축할 수도 있습니다. 연애관이 어떠하고, 성적 지향이 어떠하든 AI는 받아들여 줄 테니 말입니다. 현실의 연애에서 도망치는 것이 아니라 메타버스에서 하는 연애가 더 낫다고 생각하는 사람이 앞으로 계속 늘어날 것입니다.

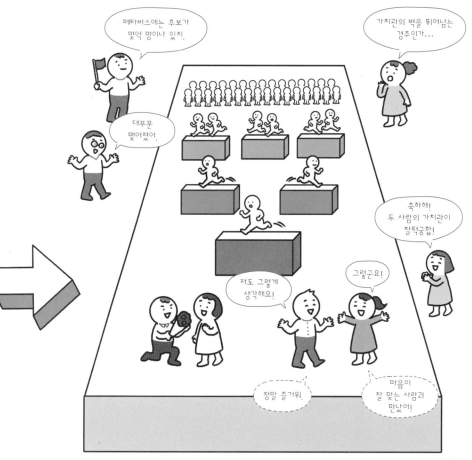

12

'메타버스 결혼'으로 장점만 만끽할 수 있다

결혼 상대를 가상 현실화하여
결혼 생활의 좋은 부분만 체험할 수 있습니다.

현실의 결혼 생활은 연애보다 더 많은 어려움이 따르기에 마냥 좋지만은 않습니다. 그렇다면 가상의 상대와 함께하는 생활은 어떨까요? 2016년에 초기작이 발매된 '게이트박스(Gatebox)'는 가상 상대와의 공동생활을 통해 '배우자에게서 얻을 수 있는 위안'을 얻는 상품입니다. 약 50㎝ 높이의 상자형 장치와 리어 프로젝션(Rear Projection)이라는 투영 기술을 이용해 허공에 캐릭터를 투영한 상태에서 그 캐릭터와 대화나 채팅으로 소통할 수 있게 제작되었지요. 가상 배우자(Virtual Partner)라고 불리는 이 캐릭터는 대화 AI로 자연스러운 대화가

가상 캐릭터와 생활하다

오늘 하루도
수고 많았지!

다녀왔어~!

오늘 와인은
이걸로 할게.

나도 그거
마시고 싶어!

게이트박스
게이트박스가 개발하고 판매하는 '캐릭터 소환 장치'. 캐릭터와 채팅이나 대화로 의사소통이 가능하고, '함께 생활하는' 감각을 체험할 수 있다.

결혼 생활에서 좋은 부분만
추출한 서비스라고
할 수 있습니다.

가능하며, 네트워크로 다양한 가전을 조작할 수 있습니다. 요컨대 현실의 배우자에게서 좋은 부분만 추출한 서비스인 셈입니다. 결혼 생활에 으레 요구되는 책임과 비용을 제거하고, 배우자가 주는 장점만 도려내어 제공하니까요. '결혼은 그렇게 편한 게 아니야'라고 생각하는 사람도 있겠으나 서비스를 제공하는 측도, 이용하는 측도 그 점은 이해하고 있습니다. 그렇기에 배우자를 얻을 기회나 자질, 자금이 없다든가 배우자에게 그만한 자원을 할애하고 싶지 않은 사람이 이용자가 됩니다. 현실의 상대보다 가상의 상대를 선호하는 사람도 당연히 있고요. 메타버스는 이런 방식으로 배우자와 생활하는 것도 가능한 세계랍니다.

13

'두 번째 인생' 메타버스 라이프

또 하나의 인생을 체험하기 위해
메타버스를 활용하는 이용자도 있습니다.

현실 세계에서 하는 활동(일, 놀이, 교제 등)을 메타버스로 옮기는 방식이 아닌 '또 하나의 인생을 메타버스에서 즐기는' 메타버스 활용법도 있습니다. 현실에서는 프로 야구 선수로 활동하는 사람이 메타버스에서는 축구 선수로 맹활약한다거나 평소에는 사무실에서 컴퓨터와 씨름하는 회사원이 메타버스에서는 자연을 벗 삼아 농사일에 매진하는 식으로요. 이러한 부류의 이용자는 현실 세계에 부정적인 감정이 있어서 메타버스를 이용하는 것이 아닙니다. 실제 인생과는 다른 별개의 생활방식을 메타버스에서 추구할 따름입니다. 현실에 만족

'또 하나의 나'

현실 세계

하는 사람이라고 해도 메타버스 체험을 통해 자신의 새로운 능력을 깨닫는다든가 실제 인물과 메타버스상의 캐릭터 사이에 존재하는 큰 격차가 뜻밖의 인기를 얻는 경우도 있습니다. 장치가 진보하고, 서비스가 충실해져서 메타버스 체험의 품질이 향상되면 몇 가지 인생을 동시에 누리는 이용자가 늘어나리라 예상됩니다.

14

현실 세계는 이제 불필요? 메타버스로 충분한 이유

메타버스에서 보내는 또 다른 생활, 또 하나의 인생이
충실해질수록 현실 세계의 의미가 점점 옅어질지도 모릅니다.

하루 대부분을 메타버스에서 보내게 되면 현실 세계는 '생명을 유지하기 위한 공간'이 됩니다. 식사, 수면, 배설, 목욕 등 신체 건강을 유지하는 데 필요한 활동만 현실에서 하고, 그 밖의 사회 활동은 전부 메타버스상에서 한다는 뜻입니다. 지금도 메타버스에 10시간 이상 머무르며 방에서 거의 나가지 않는, 보통은 은둔형 외톨이로 분류될 청소년이 방송 통신 고등학교에 재학하며 아바타용 디지털 의상을 제작·판매해 20대 회사원에 필적하는 월수입을 벌어들이는 사례가 있습니다. 그 고등학생은 사칙연산조차 어려워하지만 메타버스에서 버

현실 세계는 생명을 유지하기 위한 공간

는 수입으로 생활할 수 있다고 해요. 그런 상황에서 연애와 결혼의 필요성을 느끼지 않고, 물건이며 옷이며 음식에도 매력을 느끼지 않는다면 아마 모든 생활을 메타버스상에서 완결하게 되겠지요. 과거에는 학업이나 직업이 생활의 중심에 있고, 게임과 디지털 공간은 어디까지나 그것을 방해하는 놀이(오락)에 해당했습니다. 하지만 메타버스에서 모든 생활을 영위하는 사람에게는 현실 세계(생명을 유지하는 공간)와 메타버스(자신의 여러 욕구를 충족하는 공간)라는 두 세계가 평행 우주(Parallel Universe)처럼 존재하게 될 것입니다.

15

고령자일수록
메타버스가 필요하다

'고령자는 과학 기술에 취약'하다는
전제부터 재검토해야 합니다.

"기술에 어두운 고령자도 메타버스에 적응할 수 있을까?"라는 의문을 품는 사람도 많습니다. 정책을 회의하는 자리에서 고령자는 IT에 어둡다는 점을 전제로 논의가 이루어지는 일도 드물지 않죠. 그러나 세상에는 연령이 90세에 가까워 귀가 잘 들리지 않는데도 객체 지향 언어(Object-Oriented Language, 모든 데이터를 하나의 물체처럼 취급해서 프로그래밍하는 객체 지향 프로그래밍 환경에서 사용되는 언어)를 자유자재로 구사하여 프로그램을 짜는 사람이 있는가 하면, 58세에 컴퓨터를 접하고 80세가 넘어 프로그래밍을 배워서 세계적인 앱

고령자야말로 메타버스의 진가를 알아본다

IT 습득은 세대를 불문한다

개발자가 된 사람도 있습니다. 반대로 스마트폰과 태블릿 같은 단말기와 함께 성장하여 디지털 원주민이라고 불리지만 그만큼 컴퓨터와 키보드에는 익숙하지 않은 젊은이도 적지 않고요. 연령층에 따라 그 기술을 사용할 용의가 있는 사람의 수가 다를지라도 오직 연령만으로 구분하는 태도는 경솔하다고 할 만합니다. 게다가 '편리한' 메타버스 세계는 오히려 고령자에게 더 이로울 가능성이 높습니다. 작은 글씨를 못 읽게 된 사람이 메타버스에서 글씨와 그림을 크게 확대하여 독서를 즐기고, 다리가 약해져서 외출을 못 하게 된 사람이 메타버스 여행으로 방방곡곡을 누빈다고 생각해 보세요. 메타버스는 고령자를 지원하는 도구로 안성맞춤입니다. 과학 기술이 빚어내는 편의는 원기 왕성한 사람보다 몸이 불편한 사람에게 더 높은 만족감을 제공합니다.

16

누구나 '초인'이 될 수 있는 메타버스 세계

메타버스에서는 누구나 실질적인 신체 능력을 무시하고
초인적인 능력을 발휘할 수 있습니다.

많은 기술은 기본적으로 인간의 능력을 확장하는 기계, 즉 '증강 장치(Augmented Device)'에 활용됩니다. 인간이 자신의 신체 능력으로 하기 어려운 일을 해내도록 도와주는 기계는 건장한 젊은이보다 장애인이나 고령자가 사용할 때 더욱 큰 효과를 발휘하고요. 장애인과 고령자를 돌보는 로봇도 이제는 꽤 일반화되어서 '고령자니까, 기술에 어두우니까'라는 이유로 쓰이지 않는 경우가 줄었습니다. 다만 로봇과 같은 기계에는 현실적인 제약이 존재합니다. 가상 현실에서라면 기술로 가능해지는 일이 훨씬 늘어나지요. 예컨대 고령에 접어

메타버스에서 능력의 한계를 극복한다

들어서 새로운 기술을 습득하는 능력이 떨어진다면 정보 기술과 AI로 그 능력 자체를 지원할 수 있습니다. 습득 능력을 요구하는 것이 아니라 보조하고 확장하는 것이야말로 기술의 존재 의의입니다. 참고로 게임 세계에는 고령이 되고 나서 게임을 즐기게 된 사람도 있습니다. 은어가 난무하는 채팅에 적응한 70대 온라인 게이머라든가 '디스코드(Discord)'라는 게임용 음성 채팅 프로그램을 사용해서 FPS(First-Person Shooter, 캐릭터 시점에서 조작하는 슈팅 게임)에 참전하는 60대 게이머처럼 말이지요. 직접 몸을 움직여야 하는 서바이벌 게임은 고령자가 즐기기 힘들지만 FPS라면 문제없습니다. 연령에 상관없이 게임 속 캐릭터가 되어 초인적인 활약을 펼칠 수 있으니까요. 이처럼 운동 능력의 격차를 해소하는 것 또한 메타버스의 장점입니다.

137

17 가상 현실에서 재활 훈련을 지원해 실제 회복을 촉진한다

가상 현실을 활용하여
실재하는 신체적 불편함을 개선하는 일도 가능합니다.

     사고, 질병, 노화 등으로 잃어버린 기능을 회복하는 데 필요한 재활 훈련은 말 그대로 '괴로운 현실'입니다. 새로운 기능을 익히기 위해서가 아니라 원래 가능했던 기능을 조금씩 되찾기 위해 꾸준히 훈련하는 나날의 연속이지요. 그런데 몸이 완치됐을 때를 구현한 가상 현실을 재활 훈련에 이용하면 그 고통을 줄일 수 있다고 합니다. 가상 현실을 활용하여 현실 세계에 긍정적인 영향을 미치는 좋은 사례입니다. 실제로 복귀를 준비할 수 있을뿐더러 설령 재활 훈련의 효과가 없어 움직이기 어렵더라도 가상 현실에서는 자유롭게 떠나거나 다른

가상 현실을 활용하여 현실에 좋은 영향을 미친다

재활 훈련은
고통스러워...

여러분!
가상 현실을 응용해서
몸의 불편함을 치료합시다!

제 아내가
정신적으로 힘든
상황이라 일을 쉬고
있어서요.

그렇군요.

현실 세계에서 겪는 고통

사람과 교류하며 즐겁게 생활할 수 있습니다. 더구나 가상 현실을 활용한 치료는 정신 질환을 가진 사람을 대상으로 이미 일부에서 실용화되었답니다. 현실과 메타버스는 '별개의 세계'로서 명확히 구분되기도 하지만 이렇게 좋은 영향이 곧바로 전해지는 경우라면 '편리한' 메타버스를 현실에 부분적으로 도입해 활용하는 방법도 유효합니다.

18

누구나 평등하게 스포츠를 즐기는 메타버스 세계

가상 현실의 스포츠 체험이 실제에 가까워지면
누구나 메타버스에서 스포츠를 즐길 수 있게 됩니다.

　　컴퓨터 게임을 이용하여 승부를 겨루는 'e스포츠'는 현재 세계적으로 보급되는 추세입니다. 특히 IOC(국제 올림픽 위원회)가 e스포츠를 올림픽 경기 종목으로 진지하게 검토하기 시작하고, '기존의 스포츠를 모방한 것'이라 부연하면서도 2022년 9월 중국 항저우에서 열리는 〈아시안 게임〉의 정식 종목으로 채택한 무렵부터 시대의 흐름이 크게 바뀌었지요. 신종 코로나바이러스가 창궐하여 마라톤, 모터스포츠, 자동차 경주 등이 시뮬레이터를 이용한 온라인 대회로 개최된 일도 적으나마 영향을 미쳤을 터입니다. e스포츠 자동차 경주에서 활약하는

선수가 실제 포뮬러 카(Formula Car, 국제 자동차 연맹에서 규정한 기준에 맞게 제작된 경주용 자동차) 경주에 참전한 사례도 있습니다. e스포츠로 실적을 쌓은 선수가 실제 자동차로 경험을 쌓은 선수들과 같은 경기장에서 싸울 수 있다는 사실이 드러났다고 할까요? 스포츠를 즐기거나 잘하는 데는 돈 문제며 연습 환경의 유무 같은 금전적·지역적 격차가 아직 존재합니다. 그렇지만 e스포츠 체험이 갈수록 고도화한다면 누구나 메타버스를 이용해 본격적인 스포츠에 임할 수 있게 됩니다.

가상 현실을 활용한 스포츠 체험

19

메타버스에서 일어나는 '가상 범죄'의 위험성

사람이 모이는 메타버스에서도 현실 세계와 같이
범죄에 해당하는 행위나 사건이 발생할 우려도 있습니다.

지금보다 많은 사람이 VR 세계에 들어오고, 메타버스가 나날이 진화하는 가운데 결코 피할 수 없는 문제가 있습니다. 바로 법적인 문제입니다. 현재 〈VR챗〉 등에서는 신사협정과 예의범절에 의지해 쾌적한 공간을 유지하고 있는데, 다양한 가치관을 지닌 사람이 늘어나면 아무래도 이용자 사이에 마찰이 발생하기 마련입니다. 주된 문제는 저작권상의 문제와 인격권 침해 그리고 VR 특유의 문제입니다. 저작권상의 문제는 기존 캐릭터를 멋대로 아바타에 이용하거나 저작권이 존재하는 작품의 세계관을 VR 세계에 반영하는 것입니다. 저작

메타버스에서 일어날 수 있는 문제

권을 간과하기 쉬운 사례로 '밤의 에펠탑'이 있습니다. 한낮의 에펠탑은 저작권 보호 대상에 해당하지 않지만 1985년에 설치된 야간 조명 시설은 프랑스 저작권법상 보호 대상에 해당하거든요. 인격권 침해에는 모욕, 명예 훼손 등 현재 SNS상에서 곧잘 나타나는 문제 외에도 아바타에 대한 폭력적인 행동이라든가 성희롱 같은 괴롭힘이 포함됩니다. 아바타에 폭력을 행사한다고 해서 누군가가 다치지는 않겠으나 계속 때리려 든다거나 스토커처럼 따라다니는 행위에 문제가 없다고는 말할 수 없습니다. VR이기에 일어나는 문제로는 아바타의 시야에 강한 빛을 비춘다거나 불쾌한 소리를 끊임없이 들려주는 행위가 있습니다. 아바타와 실제 이용자의 성별이 다를 때, 어떤 행위를 성희롱으로 보느냐는 문제도 있고요. 메타버스가 현실의 사회와 가까워질수록 VR에 특화된 법을 정비해야 할 필요성도 커질 것으로 보입니다.

20

메타버스 세계의 범죄는
아직 현실에서 재판할 수 없다

행정과 사법이라는 현실 세계의 제도를
어떻게 메타버스 세계에 적용하느냐는 중대한 과제입니다.

　　　　　현실 세계에서 민주주의 제도나 정의(定議)에 대한 사회적 합의가 형성되는 데는 시간이 걸립니다. 그러나 사람들의 생활이 인터넷과 메타버스로 이동하면 이것은 거의 무의미해집니다. 법률과 행정은 아직 IT에 정통하지 않고, 기업은 법률이 따라잡지 못하는 곳에서 그 세계의 규칙이며 제도를 설정하기 때문에 새로운 사회, 새로운 정의가 수립됩니다. 예를 들면 일본 총무성에서 보안 수준을 높이고자 통신의 암호화를 호소했을 때는 그다지 효과가 없었는데, 구글이 자사 브라우저인 〈크롬〉에 '암호화하지 않은 사이트에서 경고가 표시'되도

법 정비가 따라잡지 못했다

록 하자마자 암호화 통신을 채용하는 사이트가 급증한 적이 있습니다. 국경 문제도 법적 장치와 관련된 과제입니다. VR은 전 세계 어디에서나 접속할 수 있으므로 '같은 메타버스에 존재하는 외국인들 사이에서 일어난 분쟁'을 조정할 경우 '어느 국가의 법률을 적용하느냐'가 문제시됩니다. 메타버스상에서 바람직한 예의와 지켜야 할 규칙을 만들 때, 어느 국가의 법률과 권리에 준거하여 책정하면 좋을까요? 장차 메타버스에서 가상 화폐나 NFT 거래 같은 경제 활동이 활발해지면 금융 및 상거래 계약에 관한 규정도 필요해질 텐데 말입니다.

21

메타버스에서
죽음을 맞이하는 날이 온다

일과 취미를 비롯한 생활 전반을 메타버스로 옮긴 미래에는
인생의 마지막도 메타버스에서 맞이할지 모릅니다.

실제 인생은 한 번뿐이지만 가상 현실에서는 '본인의 죽음'까지도 체험할 수 있습니다. 예전부터 장례식장과 화장터를 견학하는 서비스를 제공해 온 바바오산 장례식장(중국 베이징에서 가장 큰 장례식장)은 최근 새로운 프로그램을 시작했습니다. VR로 '죽음의 모든 과정'을 체험하는 프로그램입니다. 바바오산 장례식장의 죽음 체험은 두 종류로 나뉩니다. 첫 번째 프로그램은 일하는 도중에 쓰러지는 장면부터 시작됩니다. 응급 처치도 소용이 없어 심정지 상태가 된 이용자는 '사후 세계'로 이동하여 가족에게 이별을 고하기까지의 과정을 체험합

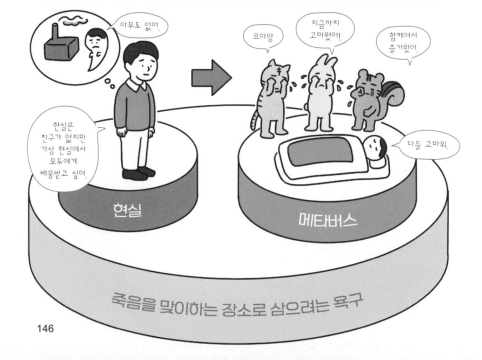

가상 현실에서 충족할 궁극의 욕구

현실

메타버스

죽음을 맞이하는 장소로 삼으려는 욕구

니다. 두 번째 프로그램은 시체를 장례식장으로 옮기는 장면부터 시작됩니다. 영안실에 안치되고, 장례식을 치르고, 화장터로 운반되는 과정을 '시체 시점'에서 체험합니다. 실제로는 1시간이 걸리는 과정을 5분 만에 체험한다는군요. 바바오산 장례식장에서는 사람들이 장례식을 알고, 유사시를 대비했으면 하는 의도로 제공하는 서비스라지만 죽음의 과정을 체험하는 일은 삶과 죽음에 대해 생각하는 좋은 기회가 될 듯싶습니다. 생활의 중심을 메타버스로 옮긴 사람이라면 메타버스에서 살고, 메타버스에서 죽고 싶다고 생각할 수도 있겠지요. 메타버스상에 묘를 쓰고 성묘하는 시스템이 존재한다면 그편이 실제 묘보다 낫겠다고 여기는 사람도 있을지 모르고요. 그렇게까지는 아니어도 그것에 가까운 생활 감각은 메타버스가 확대될수록 많은 사람에게 퍼질 것입니다.

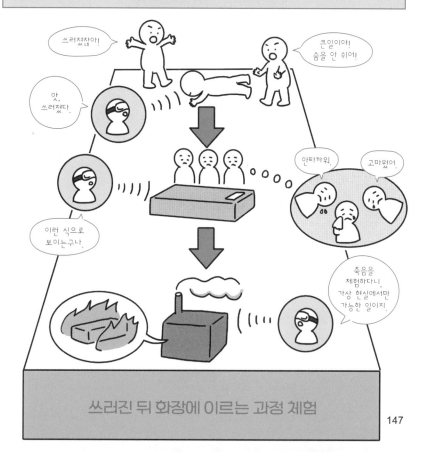

죽음을 체험하는 VR의 등장

쓰러진 뒤 화장에 이르는 과정 체험

콘택트렌즈형
VR 기기

메타(구 페이스북)의 '오큘러스' 시리즈라든가 구글의 '구글 글라스(Google Glass)'와 같은 VR/AR 기기의 진화도 메타버스를 보급하고 발전시키는 촉진제가 됩니다. VR/AR 기기의 착용감이 편해질수록 이용자가 가상 현실에서 느끼는 몰입감은 더욱 커집니다.

그러한 가운데 미국의 '인위드(InWith)'에서는 콘택트렌즈형 기기를 개발했다고 발표했습니다. 소프트 콘택트렌즈 소재에 전자 회로를 결합한 제품으로 이미 특허도 취득했습니다. 모바일 기기를 통한 시력 조정 등 의료 기기로서의 용도에 더하여, VR/AR 분야에서의 이용도 눈여겨보고 있다는군요. 전자 회로가 내장된 제품인데도 착용감이 일반 소프트 콘택트렌즈와 다름없다는 점도 놀랍습니다.

인위드가 개발한 이 제품의 등장은 결코 먼 미래의 이야기가 아닙니다. 인위드는 곧 FDA(미국 식품 의약국)의 인증을 받고, 그 후 곧바로 제품을 시장에 투입할 예정입니다. VR/AR 기기를 착용하는 번거로움에서 훌쩍 벗어나 메타버스를 더욱 쾌적하게 즐길 수 있는 미래가 코앞에 당도했습니다.

빅 테크를 비롯한 기업들은

메타버스라는 첨단 분야에서 새로운 가치를

창출하기 위해 움직이기 시작했습니다.

정부 기관 또한 메타버스를 도입해서

풍족한 사회를 만들고자 궁리하고 있습니다.

메타버스에 대한 기업과 정부의 대처 및

앞으로의 행보를 소개하겠습니다.

기업과 정부가
주목하는
메타버스

01

거대 IT 기업이
메타버스에 유리한 이유

메타버스에 주목하는 기업은 많지만
유리한 위치를 차지하는 것은 단연 기존의 빅 테크입니다.

수많은 기업이 현실과는 다른 새로운 세계를 창조하는 메타버스에 주목하고 있습니다. 신기술이 등장하기 무섭게 시장에 뛰어들어서 막대한 이익을 선점하고 싶기 때문입니다. 그러나 현재 인터넷상에서 서비스를 제공하는 기업은 대부분 고전을 면치 못하리라 예상됩니다. 지금이야 명확한 승자가 없는 상태지만 앞으로 메타버스 경쟁에서 승리하려면 무엇보다 '이용자가 쾌적함을 느끼도록' 해야 하는데, 그러기 위해서는 데이터 과학(Data Science)의 힘이 필요하다는 점에서 빅 테크가 더없이 유리하거든요. 방대한 데이터를 수집·분석해서 쾌

왜 빅 테크가 유리한가

빅 테크는 무수히 많은 이용자를 보유하고 있어.

나도 어느새 빅 테크 서비스에 둘러싸여 있더라!

빅 테크

적성으로 연결한다고 생각해 보세요. 액티브 유저(Active User, 월간 이용자 수. 결제 방식과 상관없이 일정 기간 실제로 게임이나 콘텐츠를 이용한 사용자의 총합)가 천 명인 게임 제조업체에서 수집하는 데이터로는 이용자 1억 명을 보유한 빅 테크의 데이터와 맞붙을 수 없습니다. 무수히 많은 이용자에게서 피드백을 얻는 빅 테크는 메타버스에서 이동할 때 생기는 사소한 스트레스나 행동에 동반되는 반응 속도가 어디까지 용납되고, 어느 정도부터 서버 증설이 필요한지를 판단하는 데 독보적입니다. 넘치는 피드백에 근거한 날카로운 판단과 대규모 투자로 서비스를 향상할 수 있는 윤택한 자금력, 양쪽을 겸비한 빅 테크가 유리한 구도는 메타버스 시대에도 이어질 것으로 보입니다.

153

02

메타버스에 대한 GAFAM의 전략

GAFAM이라고 불리는 거대 IT 기업 5사는
다가올 메타버스 시대에 어떻게 대응할까요?

쭉 설명했다시피 온갖 이용자의 생활에 뿌리를 내리게 될 메타버스는 IT 업계에서 '크나큰 비즈니스 기회'로 여겨집니다. 그래서인지 때때로 '인터넷을 뒤이을 인프라'라고 불리기도 하지만 엄밀하게 따지면 메타버스도 인터넷상의 서비스입니다. 웹과 SNS를 잇는 혹은 대체할 서비스라고 해야 정확하지요. 현재 인터넷상의 서비스 분야에서 압도적인 지위를 확립한 기업은 통칭 GAFAM이라고 불리는 5사(구글, 애플, 페이스북, 아마존, 마이크로소프트)입니다. 2000년대에는 주로 웹상에서 정보가 유통되었고, 구글이 해당 분야의 제왕으로 군

세계를 선도하는 5사의 청사진

이 강의 역사를 조사하자.

재미있는 동영상이야.

ⓖ 구글

검색 엔진과 지도, 동영상 서비스 등 현실에 뿌리내린 사업 기반을 활용한 '거울 세계' 기기에 집중한다.

디자인도 세련됐어.

ⓐ 애플

우수한 하드웨어가 수익의 주축인 애플은 메타버스보다 '거울 세계'를 지향할 것으로 예측된다.

스마트워치가 편리해.

림했습니다. 그러다 2010년대에 들어서는 정보 유통의 주된 싸움터가 페이스북으로 대표되는 SNS로 이동했고요. 현재는 메타버스라는 새로운 기회에 당면하여 구글과 페이스북은 물론 아이폰 같은 정보 유통 단말기를 브랜드화한 애플도, 물류와 정보의 인프라를 겸비한 아마존도, OS(운영 체제)와 소프트웨어 분야를 지배하다시피 하면서도 웹과 SNS 쪽에서는 존재감을 드러내지 않았던 마이크로소프트도 큰 계획을 세우고 있습니다. 새로운 서비스가 시작하는 시기에 '한 차례 패배하면 돌이킬 수 없음'을 잘 아는 GAFAM은 제각기 자사의 강점을 재확인하면서 다가올 메타버스 시대의 경쟁을 주시하는 것입니다.

03

회사명을 바꿔서 진정성을 내보이는 '메타'

페이스북이 메타로 회사명을 변경했습니다.
여기에는 어떤 의도가 숨겨져 있을까요?

SNS의 중심에 자리 잡은 페이스북을 개발하고, 인스타그램까지 매수하여 운영해 온 페이스북은 2021년 10월 회사명을 '메타 플랫폼스(Meta Platforms)' 약칭 '메타(Meta)'로 변경했습니다. 주식 종목 코드도 메타버스의 철자를 딴 MVRS가 되었죠. 그만큼 메타는 메타버스를 강하게 의식하고 있습니다. 페이스북의 이용자가 고령화하고, 젊은층이 이탈하는 현상을 바꾸겠다는 목표보다 메타버스가 새로 만들어 낼 사회 구조에서 선구자가 되겠다는 의욕을 더 크게 만천하에 공표할 정도로요. 메타에서는 이미 〈호라이즌 워크룸(Horizon

메타버스에 전력투구

앗! 역사가 있는 회사인데!

메타버스라는 게 그렇게 대단한가?

새로운 사명은 '메타(Meta)'입니다!

완전 진심이구나.

'메타버스 플랫폼스'라는 사명에서 알 수 있듯이 메타버스 플랫폼에 집중하고 있습니다.

2004년 창업 당시부터 사용해 온 사명을 변경

Workrooms)〉이라는 VR 서비스를 운영하는 중입니다. 나아가 앞으로는 동업 타사가 메타버스 사업에 착수할 때 필요한 기반(플랫폼)을 장악할 계획인 듯합니다. GAFAM 중에서도 메타가 메타버스에 가장 힘을 쏟는 이유는 메타의 기존 서비스가 타사의 서비스에 의존하는 부분이 크기 때문으로 보입니다. GAFAM의 다른 기업은 저마다 정보 단말기, 물류, OS 같은 플랫폼을 보유했지만 메타는 타사의 플랫폼상에서 작동하는 SNS와 광고가 주된 수입원이니까요. 그렇기에 메타는 메타버스를 절호의 기회로 인식하고, 오큘러스(메타가 개발·판매하는 VR 헤드셋) 시리즈와 메타버스를 발판으로 삼아 튼튼한 플랫폼을 확립하려 할 듯싶습니다.

플랫폼을 손에 넣고 싶었나?

OS를 장악하고 있습니다!

인류의 20% 이상이 아이폰 사용!

우리는 안정된 플랫폼이 없습니다!

메타버스를 노리겠어!

구글

애플

세계의 비즈니스를 윈도즈로 떠받치고 있습니다!

페이스북(현 메타)

물류를 지배하고 있습니다!

아마존

마이크로소프트

GAFAM 중 플랫폼을 갖추지 못한 기업은 페이스북뿐이므로 메타버스에서 그것을 겨냥할 계획입니다.

04

더욱 편리한 기기를 개발하려는 '메타'

메타는 이용자와 메타버스를 연결하는
인터페이스 개발에 주력하고 있습니다.

메타버스라는 '또 하나의 세계'에 접속하는 인터페이스는 실로 다양한데, 메타는 현재 VR과 AR 기술에 희망을 건 상태입니다. 2012년에 창업하여 가성비 높은 일반 소비자용 VR 헤드셋 개발로 주목을 모은 오큘러스는 2014년, 페이스북(현 메타)에 매수되었습니다. 이후 케이블 접속이 필요 없는 '오큘러스 고(Oculus Go)'를 발표하여 그럭저럭 좋은 평가를 얻었고, 2019년에는 '오큘러스 퀘스트(Oculus Quest)'를 발매하여 VR 헤드셋 시장에 큰 반향을 불러일으켰습니다. 그때껏 일부 애호가의 전유물이던 VR 헤드셋의 판도를 바꿔 놓았지요. 해

한층 세련된 영상 체험

오큘러스 매수

2014년 3월, VR 기기를 취급하는 오큘러스를 매수해 페이스북 산하에 들었다.

컴퓨터에 꼭 접속해야 해서 귀찮아!

화질이 선명하지 않네.

무슨 회사인데?

페이스북이 오큘러스를 매수했대.

VR 고글을 만든다나 봐.

2014년

2016년

VR 원년

오큘러스에서 '오큘러스 리프트'가, 소니 인터랙티브 엔터테인먼트에서 '플레이스테이션 VR'이 발매되는 등 일반 소비자용 HMD가 잇따라 등장했다.

상도, CPU (중앙 처리 장치), GPU (그래픽 처리 장치)의 수준을 일제히 높인 오큘러스 퀘스트는 2020년에 VR 관련 상품의 판매액이 10억 달러를 돌파하는 데 상당한 역할을 했습니다. HCI (Human-Computer Interaction, 인간-컴퓨터 상호작용)와 관련된 AR 기술도 VR 못지않은 메타의 투자처입니다. 구체적으로는 키보드나 음성을 거치지 않고, 뇌의 신호를 직접 판독해서 인터페이스를 작동하는 기술에 투자하고 있어요. 뇌파 그 자체를 읽고 분석하기란 몹시 어려운 일이라 실제로는 '손을 움직인다' 같은 신경 신호를 판독하는 정도이기는 하지만 조기 실용화가 기대됩니다. 메타가 오큘러스와 더불어 개발하고 있는 스마트 글라스에 이러한 기술을 조합한 제품이 등장하면 AR의 표준이 될지도 모릅니다. 이처럼 메타는 이용자와 메타버스를 연결하는 인터페이스 개발에 주력하고 있습니다.

새로운 인터페이스 개발을 향해

실용화에 시간이 걸리겠지만 뇌로 기기를 조작하는 기술이라든가 몸의 움직임을 읽는 손목 밴드형 기기 등 차세대 인터페이스 개발이 진행되고 있다.

화질이 굉장히 선명해!

컴퓨터도 스마트폰도 필요 없어!

현장감이 상승했어!

고글 하나만으로 충분해.

앞으로도 쾌적한 메타버스를 실현하기 위해 투자와 연구를 계속하겠습니다.

2019년~

2018년

오큘러스 고 발매

2018년에 발매된 '오큘러스 고'는 컴퓨터나 다른 기기에 접속하지 않고 이용할 수 있는 독립형 기기다. '오큘러스 리프트'에 있던 케이블 문제가 해소되었다.

오큘러스 퀘스트 발매

2019년, 해상도와 CPU 및 GPU의 성능 향상으로 고부하 애플리케이션을 구동할 수 있는 '오큘러스 퀘스트'를 발매했다. 독립형 기기의 간편함과 비교적 높은 성능을 양립하여 소비자의 지지를 얻었다.

05

실생활에 집중하느라 SNS에는 느슨했던 구글

구글은 SNS에서 실패한 적이 있지만
생활 밀착형 사업으로 메타버스 시대에 대비하는 중입니다.

검색 엔진, 동영상 사이트, 지도, OS 등 여러 플랫폼을 전개하는 구글의 주요 수입원은 광고입니다. 정보 유통의 중심이 웹에서 SNS로 이동했다고는 하나 여전히 웹은 막대한 통신량을 유지하며 SNS와도 밀접한 관계를 맺고 있으니까요. 게다가 구글은 '구글 워크스페이스(Google Workspace)' 같은 기업용 서비스도 많이 제공하고, '유튜브' 같은 동영상 플랫폼도 가졌습니다. 언뜻 보면 철옹성이 따로 없지요. 그렇지만 가치관이 비슷한 부류와 마찰 없이 어울리고 싶은 사람들이 웹(이용자 사이의 관계가 평면적)에서 SNS(필터 버블이 제공하는 마음

SNS를 휘어잡지 못한 구글

편한 공간)로 이동할수록 구글의 광고 수익은 줄어들게 됩니다. 그동안 구글은 웹의 지배자로서 확고한 지위를 구축했으나 SNS에서는 실패했습니다. 2011년에 시작한 SNS 서비스인 〈구글 플러스(Google+)〉는 채 10년이 되지 않아 서비스를 종료했어요. 그런데 '웹→SNS 이동'의 끝에는 메타버스가 있습니다. 웹에서 SNS로 옮겨간 이용자가 다시 메타버스로 옮겨가고, 그곳에 긴 시간을 할애하게 된다면 구글로서도 달리 방법이 없습니다. 메타버스 시장을 빼앗을 수밖에요. 구글은 지금껏 굳건하게 지켜 온 생활 밀착형 사업으로 메타버스 시대의 새로운 지위를 얻기 위한 전략을 준비하고 있습니다.

강점은 탄탄한 생활 밀착형 사업

안드로이드의 세계 점유율은 70% 이상.

지도는 전 세계에서 사용되고 있지!

사업 터전에서 굳건하게!!

웹 검색의 대명사!

Google

메타버스 시대, 어떻게 싸울까요?

실생활에 밀착된 비즈니스에서 나오는 광고 수익이 구글을 지탱하고 있습니다.

강점을 중심으로 진군하자!

06

현실을 보강하는
AR에 구글 글라스로 참전

현실에 입각한 유무형의 자산을 보유한 구글은
AR 기술로 그 가치를 높이고자 합니다.

구글은 인터넷 서비스의 선구자로서 생활 밀착형 서비스에도 깊이 파고들어 왔습니다. 반면 SNS와 메타버스 쪽으로는 출발이 늦은 형편이라 메타버스보다는 현실에 치우친 AR(증강 현실)을 지향하리라 예상됩니다. 한마디로 '거울 세계'가 목표라는 뜻입니다. 그러한 전략을 뚜렷이 드러내는 사례로 '구글 글라스'를 꼽을 수 있습니다. 이 안경은 CPU, 메모리, 카메라, 마이크 및 각종 센서를 갖춘 '스마트 글라스'의 일종으로 이것을 쓰면 시야에 갖가지 정보가 표시됩니다. 그래서 지금 우리가 들고 다니는 스마트폰을 대체할 잠재력이 있다는 견해도 존

큰 주목을 받는 AR 안경

재합니다. 평소 눈에 보이는 사물을 설명한다든가 위험한 자동차나 자전거를 경고하는 방향의 서비스에는 아무래도 안경형 혹은 콘택트렌즈형 기기가 가장 자연스러울 테니까요. 스마트 글라스는 VR 헤드셋처럼 메타버스에 접속하는 장치가 아니라 실제 공간에 디지털 정보를 덧입히는 AR 기기입니다. 구글이 가진 자산과 기술을 살릴 수 있는 차세대 플랫폼으로 안성맞춤이지요. 특히 현재 구글의 주요 영역인 생활 밀착형 서비스 분야에서 활약이 기대됩니다.

07

메타버스와 거리가 멀다고?
앞으로가 주목되는 애플

매력적인 하드웨어로 이용자를 사로잡는 애플은
거울 세계를 지향할 것으로 보입니다.

GAFAM 중에서도 최상위권의 판매액과 순이익을 자랑하는 애플의 수익 대부분은 아이폰, 아이패드, 아이맥 같은 하드웨어와 주변 기기에서 나옵니다. 애플의 큰 강점은 애플이 디자인한 하드웨어에 가치를 느끼고, 기업의 사상에 공감하는 이용자층이 형성되어 있다는 점이고요. 다시 말해 애플은 단말기와 관련된 비즈니스에는 탁월하지만 단말기를 거치지 않는 비즈니스에는 약합니다. 하드웨어의 완성도와 질감을 느끼기 어려운 메타버스에서는 애플의 가치가 반감되어 버리지요. 사정이 이러하니 애플이 직접 나서서 메타버스로 이동하지는

매력적인 하드웨어

마음에 쏙 드는 디자인이야.

알루미늄의 재질감이 근사해!

하드웨어의 높은 완성도가 많은 이용자의 지지를 얻는 큰 요인입니다.

액정 화면의 광택도 매력 중 하나!

판매액의 80%가 하드웨어구나!

스타일리시한걸.

하드웨어 80%

그외 20%

않을 듯싶습니다. 아마 구글과 마찬가지로 거울 세계를 지향하며 AR에 승부를 거는 전략을 채택하지 않을까요? 이미 아이폰과 아이패드용 앱에 사용될 AR 기술을 개발하고 있으니 말입니다. 한편 스마트 글라스 분야에서는 구글과 다른 방향으로 나아갈지 모릅니다. 애플은 단말기 시장에서 강력한 지위를 가진 아이폰의 주인인 만큼 스마트 글라스도 초기에는 아이폰의 주변 기기로 투입할 가능성이 있습니다. '스마트 글라스를 쾌적하게 쓰려면 아이폰이 필수'라는 인식을 이용자에게 심어 준다면 AR로 이동한 뒤에도 아이폰의 존재감은 계속 유지될 터입니다.

165

08

거울 세계에서 패권을 쥐고자 하는 마이크로소프트

윈도즈와 오피스 등으로 유명한 마이크로소프트는
기존 고객층을 기반으로 거울 세계를 지향할 듯합니다.

마이크로소프트는 실무에서 사용되는 정보 시스템의 중핵을
도맡고 있는 기업입니다. 메타버스로 이동한들 얻을 장점이 별로 없지요. 따라서
마이크로소프트 또한 거울 세계를 목표하지 않을까 싶습니다. 현재 관계를 맺고
있는 우수한 파트너와 함께 차세대 플랫폼을 구축할 생각이라면 메타버스보다는
AR 쪽이 현실적이고, 좋은 제품이 나올 것입니다. 더구나 마이크로소프트는 벌써
'홀로렌즈(HoloLens)'라는 제품을 발매했습니다. 기업용이라 다소 투박하지만 타
사의 소비자용 제품과는 달리 착실하게 지반을 다지고 있죠. 참고로 마이크로소

홀로렌즈로 실현하는 MR

어떤 옷을
입을까?

기분 전환 겸
커튼 색상을 바꿔 보자!

마이크로소프트가
개발한 '홀로렌즈'에는
현실의 물체를 인식하고,
그 물체에
가상의 정보를 덧입히는
MR 기술이
사용되었습니다.

VR과 AR의 중간

프트에서는 홀로렌즈를 AR이 아닌 MR(복합 현실)이라고 부릅니다. MR은 AR처럼 실제 공간에 디지털 정보를 덧입힐 수도 있고, VR처럼 실제 정보를 가상의 영상으로 완전히 뒤덮을 수도 있습니다. MR이라는 용어는 널리 퍼지지 않았지만 그 개념은 거울 세계와 그리 다르지 않거든요. MR을 이용하면 현실과 똑 닮은 디지털 쌍둥이를 거울 세계와 연계할 수 있습니다. 이것은 엔터테인먼트 분야보다는 원격 의료나 건설, 제조 현장에서 업무의 가능성과 생산성을 높이고, 혁신을 창출하는 계기가 될 수 있고요. 이처럼 마이크로소프트는 가상 세계에서도 비즈니스 현장을 중심에 두고, 거울 세계를 지향하는 방향으로 나아갈 듯합니다.

기존 고객들과 거울 세계 구축

메타버스 세계의 인프라를 노리는 아마존

09

아마존은 전자 상거래 사업으로 유명하지만 세계 제일의 클라우드 기업으로서 메타버스 인프라를 노릴 가능성이 있습니다.

GAFAM 중에서도 독자적인 노선을 걷는 기업이 아마존입니다. 인터넷 서점으로 시작한 아마존은 이후 종합 소매업에 진출하여 현재는 유형 상품과 디지털 데이터를 두루 판매하는 기업이 되었습니다. 유형 상품과 물류를 확보하고 있기에 아마존의 비즈니스는 세상이 메타버스로 나아가든 거울 세계로 나아가든 강점을 발휘할 수 있습니다. 게다가 아마존은 현실적이고 가성비가 좋은 장치를 개발하는 데 뛰어납니다. 스마트 글라스 분야에서도 '에코 프레임(Echo Frame)'이라는 제품을 실험적이나마 시장에 투입했어요. 에코 프레임은 알

아마존은 어떤 회사?

렉사(Alexa)라는 AI와 연동하여 음성을 인터페이스의 중심에 둔 스마트 글라스로 아마존의 현실적인 측면이 담긴 제품입니다. 아마존이 가진 또 하나의 중요한 플랫폼으로 클라우드 서비스인 〈AWS(Amazon Web Services)〉가 있습니다. 아마존의 남아도는 서버를 활용하자는 데서 시작된 〈AWS〉는 이제 가상 서버인 EC2(Elastic Compute Cloud), 온라인 스토리지인 S3(Simple Storage Service) 등 다채로운 메뉴를 갖춘 세계 최대의 클라우드 서비스(Cloud Service, 각종 데이터를 서비스 제공자의 서버에 저장해 두고 필요할 때 내려받아 사용할 수 있는 서비스)로 발전했습니다. 아마존이 전 세계 클라우드 서비스의 3분의 1을 차지하고 있는 오늘날, 메타버스처럼 큰 서버가 필요한 서비스를 개발하면서 〈AWS〉와 무관하기란 어려운 일입니다. 아마존이 굳이 메타버스를 대대적으로 겨냥하지 않아도 메타버스 자체가 〈AWS〉상에서 작동하는 미래는 충분히 그려 볼 만합니다.

10

스포츠 브랜드도
아바타용 스니커즈로 참전

··

세계적인 대기업도 메타버스상의 상거래를 지원하는
NFT를 이용해 메타버스에 참가하고 있습니다.

'디지털 데이터는 복제가 용이'하다는 점은 공공연한 사실입니다. 콘텐츠 보유자가 글이나 음악 등을 디지털 데이터의 형태로 판매하게 되기까지 긴 시간이 걸린 까닭도 그 때문이고요. 복제품이 얼마든지 나올 수 있기에 디지털 데이터에는 '원본'이라는 개념이 성립되지 않는다고 여겨져 왔습니다. 그런데 근래에 NFT가 등장하면서 '디지털 원본'을 정착시키려는 시도가 나타났습니다. 복제품이 많더라도 '원본은 이것'이며, '해당 디지털 데이터의 소유권은 아무개에게 있다'라고 주장하는 것입니다. 만약 그 주장이 인정된다면 '메타버스상에

존재하는 데이터의 소유권'을 사고파는 일도 가능해질지 모릅니다. 2021년 12월에는 스포츠용품 제조업체인 아디다스가 NFT 시장에 가세하여 '인투 더 메타버스(Into The Metaverse)'라는 한정판 NFT 컬렉션을 발매했습니다. 이것은 〈더 샌드박스〉를 비롯한 메타버스 공간에서 아바타가 착용할 수 있는 가상 의류로 발매 몇 시간 만에 2만 9,620개의 NFT가 완판되어 약 260억 원에 상당하는 매상을 올렸어요. 아디다스의 라이벌인 나이키에서도 가상 스니커즈 등을 제작하는 스튜디오를 매수했습니다. 단, 현재의 NFT는 특정한 조건 아래에서 토큰의 유일성을 주장할 뿐 디지털 데이터의 법적인 소유권을 증명하지는 않습니다. 장차 디지털 데이터의 원본성을 증명하고, 이용자에게서 사용료를 징수하는 구조로 성장할 여지는 있지만요.

11

BMW가 만드는
다목적 가상 공간

자사의 세계관을 반영한
메타버스를 제작하는 기업도 등장했습니다.

독일의 자동차 제조업체인 BMW는 독자적인 메타버스를 설
립했습니다. BMW가 2021년 9월에 발표한 〈조이토피아(JOYTOPIA)〉는 스마트폰
으로 접속하는 가상 세계입니다. 론칭 이벤트에서는 영국의 록 밴드 콜드플레이
(Coldplay)가 가상 라이브 공연을 진행했고, 참가자는 원하는 장소에서 아바타로
접속해 마음껏 즐겼습니다. 무대 가까이에서 밴드의 연주를 감상하거나 춤을 추거
나 하면서요. 그럼 〈조이토피아〉는 단순한 라이브 스트리밍 플랫폼일까요? 아닙
니다. BMW는 〈조이토피아〉란 '우리의 메타버스'이며, '디지털 공간에서 개인적인

이용자에게 전례 없는 체험을

BMW가
메타버스를?

여러분을
'전례 없는 체험'에
초대합니다!

독일의 자동차 제조업체
BMW는 자체 메타버스인
〈조이토피아〉를
개발했습니다.

어째서
자동차 제조업체가
메타버스를?

조이토피아

체험을 추구하는 고객의 목소리에 대한 우리의 답변'이라고 발표했습니다. 〈조이토피아〉에는 BMW가 중요시하는 주제를 담은 3가지 세계 '리:싱크(Re:THINK)', '리:이매진(Re:IMAGINE)', '리:버스(Re:BIRTH)'가 존재합니다. 이곳에 접속하는 이용자는 '가상 여우(Virtual Fox)'의 안내를 받아 그 세계를 탐색할 수 있고, 아바타의 외모도 바꿀 수 있습니다. BMW는 엔비디아(NVIDIA)가 개발한 〈옴니버스(Omniverse)〉라는 시뮬레이션 플랫폼을 활용하여 '제조 업무 전반을 시뮬레이션화'하기도 했습니다. 이로써 제조 과정의 효율화를 도모하고, 생산 계획에 드는 시간을 30% 단축했지요. 이처럼 대기업이 각자의 세계관을 반영한 메타버스를 만들어 낸다거나 업무에 활용하는 움직임은 앞으로도 늘어날 것입니다.

12

바베이도스가 발표한
세계 최초의 '메타버스 대사관'

카리브해의 떠오르는 섬나라 가운데 한 곳이
메타버스에 대사관 건설을 결정했습니다.

카리브해 동쪽 끝에 위치한 바베이도스는 인구가 30만 명인 섬나라입니다. 바베이도스는 영국 연방의 일원으로서 오랫동안 영국 국왕을 군주로 인정해 왔으나 2021년에 이탈하여 공화제로 전환했습니다. 카리브해의 여러 나라뿐만 아니라 라틴아메리카를 포함해도 의회제 민주주의가 가장 안정된 국가이자 카리브해에서 가장 부유한 국가이기도 합니다. 그런 바베이도스가 세계 최초로 메타버스상에 대사관을 설립할 계획입니다. 2021년 11월, 바베이도스 정부는 〈디센트럴랜드(Decentraland)〉에 토지를 매입해 대사관을 건설하겠다고 발표

메타버스에서 시행되는 행정 서비스

했습니다. 〈디센트럴랜드〉는 2015년 말부터 개발이 진행되고 있는 역사가 긴 메타버스 플랫폼입니다. 블록체인을 기반으로 구축되어 메타버스상의 토지, 부동산, 옷 등을 NFT 형태로 구매할 수 있지요. 바베이도스의 디지털 외교를 추진하는 가브리엘 아베드(Gabriel Abed) 대사는 바베이도스가 메타버스 대사관 설립을 결정한 이유에 대해 이렇게 말했습니다. "이 프로젝트는 카리브해의 섬을 세계적인 기술에 연결하는 일이기도 하다. 우리는 우리가 작은 섬나라라는 사실을 인식하고 있다. 바베이도스는 작지만 메타버스에서라면 미국이나 독일만큼 거대해질 수 있다." 바베이도스는 현실과 다른 원리로 만들어지는 메타버스가 국가의 성장 전략에도 영향을 미칠 수 있음을 보여 주는 사례입니다.

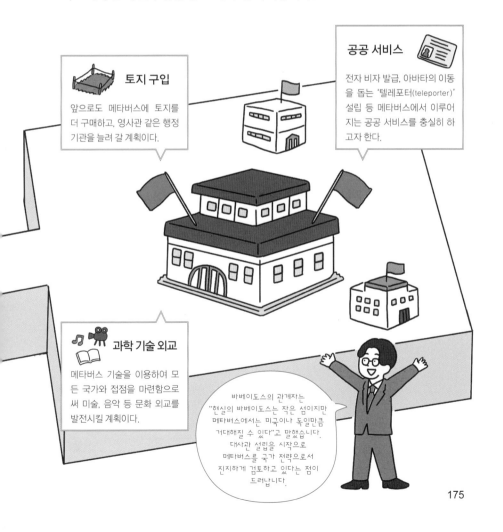

공공 서비스

전자 비자 발급, 아바타의 이동을 돕는 '텔레포터(teleporter)' 설립 등 메타버스에서 이루어지는 공공 서비스를 충실히 하고자 한다.

토지 구입

앞으로도 메타버스에 토지를 더 구매하고, 영사관 같은 행정 기관을 늘려 갈 계획이다.

과학 기술 외교

메타버스 기술을 이용하여 모든 국가와 접점을 마련함으로써 미술, 음악 등 문화 외교를 발전시킬 계획이다.

바베이도스의 관계자는 "현실의 바베이도스는 작은 섬이지만 메타버스에서는 미국이나 독일만큼 거대해질 수 있다"고 말했습니다. 대사관 설립을 시작으로 메타버스를 국가 전략으로서 진지하게 검토하고 있다는 점이 드러납니다.

······················· 메타버스의 미래 ④ ·······················

메타가 개발 중인 세계에서
가장 빠른 AI 슈퍼컴퓨터

회사명을 변경할 정도로 강렬하게 메타버스를 주시하는 메타가 AI 슈퍼컴퓨터인 '리서치 슈퍼클러스터(Research Super-Cluster, RSC)'를 개발하고 있습니다. "세계에서 가장 빠를 것이라 확신한다"고 공언할 만큼 성능이 뛰어난 슈퍼컴퓨터를 곧 완성할 계획입니다.

메타가 슈퍼컴퓨터 개발에 힘을 기울이는 이유는 역시 메타버스 시대의 선두 주자를 목표하기 때문입니다. 마크 저커버그는 "우리가 구축하고 있는 메타버스용 체험에는 방대한 계산력이 필요하다"고 말하면서 RSC는 "조(兆) 단위의 사례를 학습하여 수백 가지 언어를 이해할 수 있는 새로운 AI 모델을 실현한다"고 덧붙였습니다.

메타는 그 일례로 제각기 다른 언어를 구사하는 여러 사람에게 실시간 음성 번역을 제공하는 시스템을 꼽았습니다. 이것이 실현되면 전 세계의 메타버스 이용자가 언어의 장벽을 뛰어넘어 원활한 의사소통을 나눌 수 있게 됩니다.

이런 막대한 투자가 가능하다는 점은 '메타버스 시대에도 빅 테크가 우위'라는 견해의 근거 중 하나입니다. 메타버스 시대에 대규모 플랫폼을 만들어 운영하는 일은 누구나 할 수 있는 사업이 아닙니다. 그렇지만 월등한 자금력을 동원하여 구축해 낸 뛰어난 플랫폼에 이용자가 모여들면 그곳에는 누구나 참여할 수 있는 비즈니스 기회가 싹틀 것입니다.

다른 언어를 쓰는 사람들이 자유롭게 소통할 수 있는 날이 오면 참 편하겠네요!

세계적인 비즈니스와 연구가 더욱 발전할 것으로 보입니다.

키워드 색인

주요 참고 문헌

190쪽

『메타버스란 무엇인가─인터넷상의 '또 하나
의 세계』   **오카지마 유시 저(고분샤 신서)**

『그림으로 풀이한 미래 비즈니스─가상 공간
과 VR』 **주식회사 오라이 저(엠디엔 코퍼레이션)**

한 권으로 끝내는 메타버스 노트

초판 1쇄 인쇄	2023년 8월 8일
초판 1쇄 발행	2023년 8월 25일

감　수	오카지마 유시
옮긴이	이해란
펴낸이	이종문(李從聞)
펴낸곳	국일미디어
등　록	제406-2005-000025호
주　소	경기도 파주시 광인사길 121 파주출판문화정보산업단지(문발동)
	서울시 중구 장충단로 8가길 2(장충동 1가, 2층)

영업부	Tel 031)955-6050 ∣ Fax 031)955-6051
편집부	Tel 031)955-6070 ∣ Fax 031)955-6071

평생전화번호	0502-237-9101~3

홈페이지	www.ekugil.com
블로그	blog.naver.com/kugilmedia
페이스북	www.facebook.com/kugilmedia
이메일	kugil@ekugil.com

※ 값은 표지 뒷면에 표기되어 있습니다.
※ 잘못된 책은 구입하신 서점에서 바꿔드립니다.

ISBN　978-89-7425-892-4(13000)